ARMEE DE L'AIR

# LES ESCADRES DE L'ARMÉE DE L'AIR

## De 1945 à nos jours

*Textes et profils Gérard PALOQUE*

*Insignes d'escadrilles Gérard Paloque et André Jouineau*

*Avertissement : Pour d'évidentes raisons de mise en pages, les profils présentés dans les pages qui suivent ne sont pas tous à la même échelle*

COLLECTION AVIONS de COMBAT

HEIMDAL

# 1re Escadre de Chasse

*Ci-dessus*
Republic F-84G-2-RE Thunderjet (s/n 51-9626) de l'EC 1/1 « Corse » en avril 1955 L'avion ne porte pas d'insigne d'unité mais ses bidons d'aile sont rouges à motif noir.
*(E. Moreau)*

Créée initialement en juillet 1932, la 1re Escadre de Chasse fut reformée, en même temps que l'Armée de l'Air, au début de 1943 en Afrique du Nord. Avec les deux groupes qui la composaient à l'époque, le GC I/7 « Provence » et le GC II/7 « Nice », elle fut envoyée en Indochine d'octobre 1945 à octobre 1946. À son retour du Sud-Est asiatique, elle fut brièvement (hiver 1946-1947) basée à Friedrichshafen, en Allemagne de l'Ouest avant de s'installer à partir d'avril 1947, à Oran-La Sénia, en Algérie.

Le 1er juillet 1947, les deux groupes changèrent officiellement de numérotation, le « Provence » devenant le GC I/1 et le « Nice » le GC II/1. Ils furent équipés de Republic P-47D Thunderbolt à partir du mois d'août 1950, abandonnant ainsi leurs derniers Spitfire qui arrivaient en fin de potentiel.

La 1re Escadre de Chasse fut dissoute le 30 septembre 1951 sur la base de Bizerte-Sidi-Ahmed (Tunisie) où elle avait déménagé l'année précédente, et où elle avait été rejointe par deux groupes supplémentaires, le GM (Groupe de Marche) III/6 « Roussillon » et le GC I/9 « Limousin ».

Cette disparition ne fut que temporaire puisque l'escadre fut reformée quelques mois plus tard, le 1er avril 1952, mais cette fois sur la base de Reims. Placée sous le commandement du 1er CATac (Commandement Aérien Tactique), le GC I/1 devint alors l'Escadron de Chasse (EC) 1/1 « Corse » et le GC II/1 fut rebaptisé à son tour EC 2/1 « Morvan ». Ces deux escadrons, équipés de F-84E et G Thunderjet furent mis en place en juillet 1952 sur la base de Lahr-Hugsweier, en Allemagne de l'Ouest, puis revinrent en France, à Saint-Dizier, en décembre de la même année.

Un troisième escadron, l'EC 3/1 « Argonne » fut créé le 1er février 1953. Les trois unités de la « Une » étaient alors équipées de Republic F-84G Thunderjet qui furent remplacés par des F-84F Thunderstreak en janvier 1956.

En septembre 1956, à la suite de la nationalisation du canal de Suez par l'Égypte, le Royaume-Uni et la France décidèrent d'intervenir et déployèrent dans la région des unités aériennes. La 1re Escadre de Chasse basa des F-84F à Akrotiri (Chypre), tandis qu'un détachement de 36 Thunderstreak était envoyé en secret en Israël, les cocardes françaises des appareils étant sur place remplacées par des cocardes israéliennes.

Les F-84F de la 1re Escadre intervinrent au-dessus du Sinaï et attaquèrent l'aérodrome de Louxor, en Égypte, où ils détruisirent une vingtaine de bombardiers Ilyouchine Il-28 « Beagle ». Après l'opération « Mousquetaire » (intervention alliée à Suez) où elle perdit un appareil, la 1re Escadre retourna en France le 14 novembre 1956.

Au début des années soixante, à la suite de la création des Forces Aériennes Stratégiques (FAS) équipées de Mirage IVA, ainsi que du retrait de la France de l'OTAN, des coupes sombres furent réalisées au sein du 1er CATac, ce qui entraîna la disparition de plusieurs unités de chasse, dont la 1re Escadre qui fut dissoute le 28 février 1966.

## Groupe de Chasse I/1 « Provence » (juillet 1947 - novembre 1951), Escadron de Chasse 1/1 « Corse » (avril 1952 - février 1966)

*1re Escadrille: SPA 88. 2e Escadrille: SPA 69*
*Codes et avions: lettre individuelle (Spitfire Mk IX et P-47D Thunderbolt), x-1C (F-84E/G) puis 1-Nx (F-84F)*

Republic P-47D-30-RA Thunderbolt (s/n 44-89812) du GC 1/1 « Provence ». Friedrichshafen (Allemagne de l'Ouest), été 1947.

Republic F-84G-6-RE Thunderjet (s/n 51-9886) de l'EC1/1 « Corse ». Reims, 1952.

Republic F-84G-6-RE Thunderjet (s/n 51-9955) de l'EC 1/1 « Corse ». Saint-Dizier, 1954. Le code en « 1-Nx » est porté à partir de 1953. L'insigne de la SPA 88 est peint à gauche et celui de la SPA 69 à droite.

Republic F-84F-46-GK Thunderstreak (s/n 52-8926) de l'EC 1/1 « Corse ». Saint-Dizier, 1956.

Republic F-84F-51-GK Thunderstreak (s/n 52-9102) du détachement de l'EC 1/1 « Corse ». basé à Akrotiri (Chypre), lors de la crise de Suez, en novembre, 1956.

Republic F-84F-51-GK Thunderstreak (s/n 52-9029) de l'EC 1/1 « Corse » basé à Lod (Israël) en octobre 1956. À l'image des Mystère IV de l'Armée de l'Air, les F-84F français basés en Israël reçurent parfois des cocardes de l'État hébreu et furent rattachés sur place au Tayeset (escadron) 200, une unité fictive inventée pour l'occasion.

Les bandes d'identification jaunes et noires peintes autour du fuselage et des ailes ont été utilisées par les appareils britanniques, français et israéliens lors de l'opération « Mousquetaire/ Musketeer »

Republic F-84F-46-GK Thunderstreak, (s/n 52-8883) de l'EC 1/1 « Corse ». Saint-Dizier. Ce marquage de dérive fut utilisé de 1957 à 1966.

## Groupe de Chasse II/1 « Nice » (juillet 1947 - novembre 1951), puis Escadron de Chasse 2/1 « Morvan » (avril 1952 à février 1966)

*1re Escadrille: SPA 62. 2e Escadrille: SPA 94.*
*Codes et avions: lettre individuelle (Spitfire Mk IX et P-47D Thunderbolt). x-1M (F-84E/G) puis 1-0x et 1-Ex (F-84F)*

Republic P-47D Thunderbolt (s/n inconnu) du Groupe de Chasse 2/1 « Nice ». Bizerte (Tunisie), fin 1950.

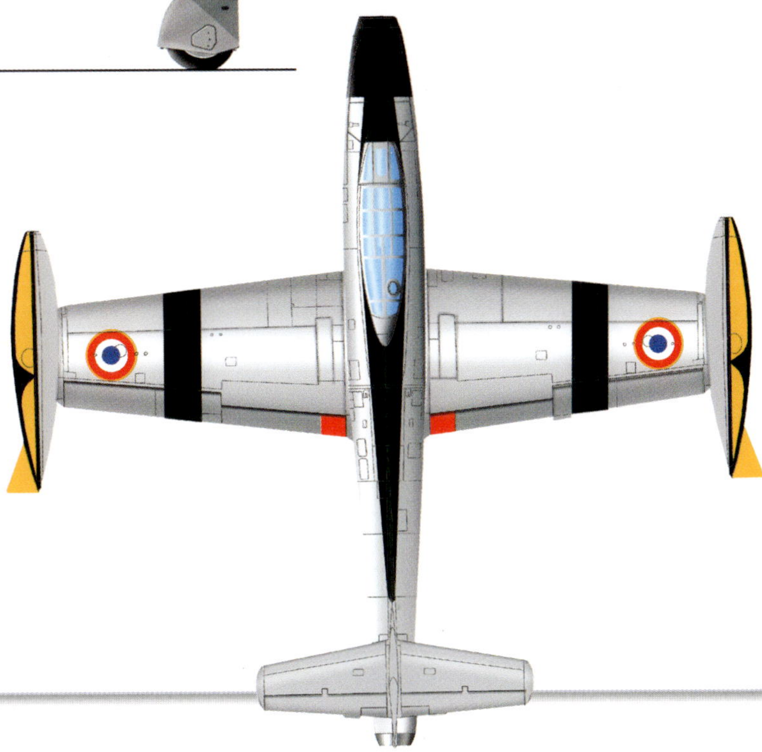

Republic F-84G-5-RF Thunderjet (s/n 51-9894). Lahr (Allemagne de l'Ouest), septembre 1952. L'insigne de la SPA 94 (« Mort qui fauche ») est porté à gauche et celui de la SPA 62 (« Coq de combat ») à droite.

Republic F-84G-5-RF Thunderjet (s/n 51-1023) de l'EC 2/1 « Morvan ». Saint-Dizier, 1957.

Republic F-84F-51-GK Thunderstreak (s/n 52-9108) de l'EC 2/1 « Morvan ». Saint-Dizier, 1956. Les bandes jaunes de dérive furent portées d'avril 1956 à avril 1957.

Republic F-84F-51-GK Thunderstreak (s/n 52-9117) de l'EC 2/1 « Morvan ». Saint-Dizier, 1965. La nouvelle marque sur la dérive fut peinte de 1957 à février 1965, date du retrait des F-84F à l'EC 2/1. Le numéro rouge (ici « 461 ») était attribué aux F-84F à leur sortie de grande révision « IRAN » (pour Inspect Repair As Necessary).

Le F-84F Thunderstreak « 1-November X-Ray » de l'EC 1/1 « Corse » regagne le parking de Lod (Israël) pendant l'intervention française sur le canal de Suez. Des cocardes israéliennes ont remplacé les françaises sur ces avions affectés en outre à une unité fictive de la Heyl Ha' Avir, l'armée de l'air israélienne. *(SHD-Air)*

## Escadron de Chasse 3/1 « Argonne »
**(février 1953 - novembre 1957)**

*1re Escadrille: SPA 31. 2e Escadrille: SPA 48*
*Codes et avions: x-1A (F-84E/G) puis 1-Px (F-84F) d'avril 1956 à février 1966.*

Republic F-84G-21-RE Thunderjet (s/n 51-10865) de l'EC 3/1 « Argonne ». Saint-Dizier, février 1953. Les insignes d'escadrille ne sont pas portés.

Republic F-84G-21-RE Thunderjet (s/n 51-10895) de l'EC 3/1 « Argonne ». Saint-Dizier, septembre 1953. La codification en « 1-Px » entra en vigueur en août 1953. L'insigne de la SPA 48 (« Tête de coq ») est porté à gauche et celui de la SPA 31 (« Archer grec ») à droite.

Préparation avant vol du F-84F-51-GK Thunderstreak (s/n 52-9093) de l'EC 3/1 « Argonne » à Akrotiri (Chypre), le 15 novembre 1956. L'appareil a retrouvé ses cocardes françaises mais a conservé ses bandes d'identification israéliennes. *(ECPAD)*

Republic F-84F Thunderstreak de la 1re Escadre à Akrotiri (Chypre), le 15 novembre 1956. Les chasseurs, qui viennent d'arriver d'Israël, côtoient des appareils de la 3e Escadre.
*(ECPAD)*

Republic F-84F-46-GK Thunderstreak (s/n 52-8844) de l'EC 3/1 « Argonne ». Saint-Dizier, 1957. L'insigne de la SPA 31 figure à gauche et celui de SPA 48 à droite.

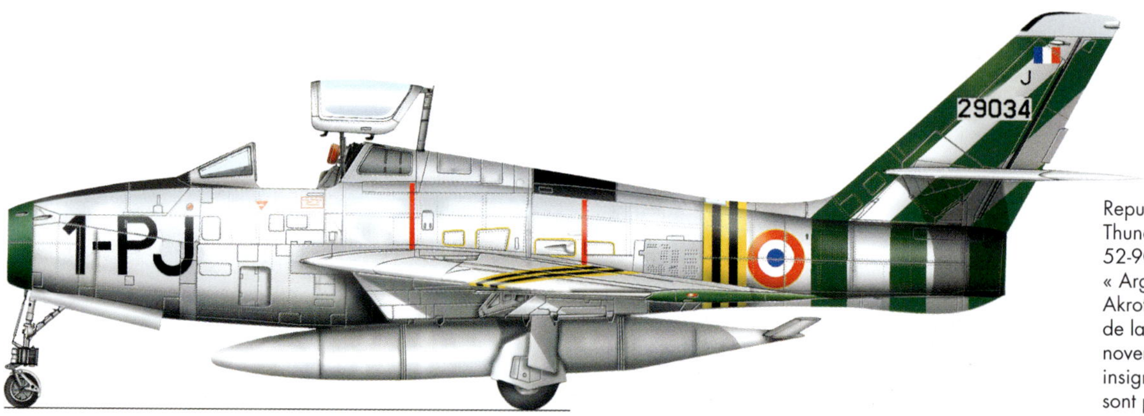


Republic F-84F-51-GK Thunderstreak (s/n 52-9034) de l'ec 3/1 « Argonne » détaché à Akrotiri (Chypre), lors de la crise de Suez, en novembre 1956. Les insignes d'escadrilles ne sont pas portés.

## Section de Liaison de la 1re Escadre

SNCAC NC-701 Martinet n° 37 de la Section de liaison de la 1re Escadre de Chasse. Saint-Dizier, juin à décembre 1957. Le NC 701 est en fait la version construite en France du Siebel Si 204, équipée de moteurs Renault.

Morane Saulnier MS 760 Paris n° 38 de la Section de Liaison de la 1re Escadre de Chasse. Saint-Dizier, octobre 1959 à décembre 1962.

Lockheed T-33A (s/n 55-4439) de la Section de Liaison de la 1re Escadre de Chasse. Saint-Dizier, juin 1965.

Alignement de F-84F Thunderstreak français à Akrotiri (Chypre) pendant l'opération « Mousquetaire », en novembre 1956. Au second plan, le « November-Lima » de l'EC 1/1 « Corse » portant l'insigne de la première escadrille (« serpent python » de la SPA 88) sous la verrière.
*(ECPAD)*

# Escadrilles rattachées à la 1re Escadre en Algérie

EALA 2/71

## EALA 2/71

L'EALA (Escadrille d'Aviation Légère d'Appui) 2/71 fut créée le 15 avril 1956 à Oujda (Maroc) et était parrainée par la 1re Escadre de Chasse. Équipée de SIPA 111A, ses missions opérationnelles débutèrent immédiatement. L'EALA 2/71 fut transformée sur T-6 en décembre 1956 à Oujda et dissoute à la fin du mois de juin 1957. L'EALA 2/71 devint l'EALA 20/72 en juillet 1957.

SIPA 111A n° 118 de l'EALA 2/71. Oujda (Maroc), de 1956 à 1957.

EALA 14/72

## EALA 14/72

Créée en novembre 1956, l'EALA 14/72 fut parrainée par la 1re Escadre de Chasse. Stationnée à La Réghaïa (Algérie), ses missions opérationnelles se poursuivirent jusqu'en novembre 1959, date de sa dissolution.

North American T-6G2 (s/n 51-14781) de l'EALA 14/72. La Réghaïa (Algérie), décembre 1958.

F-84F-81GK Thunderstreak (s/n 52-9102/1-NL) de l'EC 1/1 « Corse » sur le terrain d'Akrotiri en octobre 1956. *(ECPAD)*

## EALA 20/72

Parrainée par la 1re Escadre de Chasse, l'EALA 20/72 fut créée en juillet 1957 à partir d'éléments provenant de l'EALA 2/71. Elle fut dissoute en novembre 1959 et servit à constituer la 2e escadrille de l'EC 3/1 « Argonne ».

North American T-6G2 (s/n 49-3497) de l'EALA 20/72. 1957.

## EALA 3/1 « Argonne »

En 1959, l'EALA 3/1 « Argonne » fut créée à la suite de la fusion de l'EALA 14/72 et de l'EALA 20/72. Parrainée par la 1re Escadre de Chasse, elle fut d'abord basée sur le terrain de Tiaret, en Algérie, puis fit mouvement vers Tlemcen en 1961. L'escadrille fut dissoute en janvier 1962.

North American T-6G2 (s/n 51-4700) de l'EALA 3/1 « Argonne ». Tlemcen-Zenata, janvier 1962. Le chevron vert de l'insigne peint sur le fuselage rappelle le rattachement de l'escadrille à la 1re Escadre de Chasse.

Réarmement du F-84F-51GK Thunderstreak de l'EC 2/1 « Morvan » à St-Dizier en 1960. *(ECPAD)*

# 2e Escadre de Chasse

*Ci-dessus.*
Deux Mirage 2000C (n° 38 au premier plan et 40 au second) de l'ECT 2/2 « Côte d'Or » de Dijon. Dissous en 2007, cet escadron reversa alors ses appareils au « Cigognes »
*(Armée de l'Air)*

*Page suivante, de haut en bas.*
Mystère IVA n° 196 de l'EC 3/2 « Alsace » portant les marques d'identification de la campagne de Suez, en 1956.
*(SHD Air)*

Mirage IIIBE n° 266 de l'ECT 2/2 « Côte d'Or » à Solenzara.
*(E. Moreau)*

DISSOUTE en mai 1939, à la fin de la Campagne de France, la 2e Escadre de Chasse fut recréée à Friedrichshafen (Allemagne) à la fin de 1945. Elle comprenait alors cinq groupes de chasse, les GC I/2 « Cigognes », GC II/2 « Alsace », GC III/2 « Berry », GC IV/2 « Île de France » ainsi que, pendant une courte période, le GC II/8 « Saintonge ». Tous ces groupes étaient équipés de Supermarine Spitfire.

D'août 1946 à octobre 1947, les GC I/2 et II/2 de la 2e Escadre furent envoyée en Indochine, le GC 1/3 « Corse », équipé de DH Mosquito, étant rattaché temporairement à l'escadre pendant cette campagne.

À leur retour d'Indochine, au début de l'année 1948, le « Cigognes » et l'« Alsace » rejoignirent d'abord Friedrichshafen puis s'installèrent à Coblence, toujours en Allemagne, afin d'entamer leur transformation sur P-47D Thunderbolt. La « Deux » n'utilisa que brièvement cet appareil puisque, au cours de l'année 1949, elle commença à recevoir des De Havilland Vampire FB.5, devenant ainsi la première escadre de l'Armée de l'Air à voler sur avion à réaction, tout en s'installant sur la base de Dijon-Longvic au mois de juillet.

La 2e Escadre fut réorganisée en octobre 1949 afin de passer de deux groupes à quatre escadrons de chasse, avec respectivement l'EC 1/2 « Cigognes », qui reprit les traditions des SPA 3 et SPA 103, l'EC 2/2 « Alsace », l'EC 3/2 « Côte d'Or » (SPA 31 et SPA 94) et l'EC 4/2 « Coq Gaulois » (SPA 48 et SPA 62).

Atterrissage du Mirage IIIC n° 53 « Lima November » de l'EC 3/2 « Alsace » en 1963.
*(ECPAD)*

Le dernier fut dissous le 1er octobre 1950, quand le « Côte d'Or » fut renommé Escadron de Chasse 2/2 et reprit les traditions de la SPA 65 et de la SPA 57, tandis que l'« Alsace » était, lui, renuméroté EC 3/2.

En juin 1953, le MD 450 Ouragan commença à équiper la 2e Escadre et laissa place, en 1956, au Mystère IVA. C'est sur ce dernier type d'appareil que la « Deux » participa à l'opération « Mousquetaire », l'intervention française lors de la crise de Suez, ses chasseurs étant basés en Israël.

À la fin des années cinquante, les événements en Algérie demandant toujours plus de moyens en avions et en personnel, l'Armée de l'Air dut dissoudre certains escadrons de chasse basés en Métropole, dont le « Côte d'or ». Elle créa également des Escadrilles d'Aviation Légère d'Appui (EALA) pour renforcer les unités aériennes présentes sur le sol algérien. Ces EALA furent parrainées par des escadres de chasse basées en Métropole qui assuraient le service administratif et géraient les rotations du personnel technique ainsi que des pilotes. Les EALA possédaient sur place une structure légère destinée à assurer le service administratif courant. La 2e Escadre de Chasse parraina ainsi l'EALA 1/72 et l'EALA 8/72 de 1957 à 1959, escadrilles qui fusionnèrent en 1959 pour constituer l'escadron EALA 2/2 qui fut dissous en janvier 1962.

C'est également au sein de la 2e Escadre de Chasse que fut constituée la Patrouille de France qui évolua sur Mystère IVA de 1957 à 1962. La « Deux » fut la première escadre à recevoir, à partir de 1961, le Mirage IIIC qui fut d'abord livré à l'EC 1/2 « Cigognes », le 3/2 « Alsace » recevant ses appareils en décembre de la même année.

Lorsque des Mirage IIIC utilisés auparavant par la 13e Escadre alors en cours de conversion sur Mirage IIIE furent disponibles, l'EC 2/2 « Côte d'Or » fut réactivé en avril 1965, devenant ainsi le troisième escadron de la « Deux ». Il fut composé dans un premier temps d'une escadrille (SPA 65), suivie dès juin suivant par une seconde (SPA 57).

L'EC 3/2 « Alsace » et l'EC 1/2 « Cigognes » passèrent sur Mirage IIIE en 1968 et la 2e Escadre de Chasse devint alors une « académie » pour les pilotes de Mirage III. Le « Côte d'Or » prit alors la fonction d'escadron de transformation. Rebaptisé à cet effet ECT (Escadron de Chasse et de Transformation) 2/2, il était équipé de biplaces Mirage IIIB, puis de Mirage IIIBE à partir d'avril 1971. Pour cette raison, l'escadron reçut en octobre 1972 une troisième escadrille, qui reprit les traditions de la SPA 94.

En 1983, une réorganisation du commandement affecta les EC 1/2 et 3/2 qui furent placés sous l'autorité du CAFDA (Commandement Air des Forces de Défense Aérienne), tandis que l'EC 2/2, resté au sein de la FATac (Force Aérienne Tactique), recevait à cet effet un complément de Mirage IIIR provenant de la 33e Escadre de Reconnaissance et utilisés pour le « lâcher » des pilotes de Mirage III.

La 2e Escadre commença sa transformation sur Mirage 2000C et B en 1984. L'ECT 2/2 ayant finalement quitté la FATac en 1986, il fut lui aussi rééquipé de Mirage 2000 après être redevenu EC 2/2 tout en gardant sa mission de transformation des pilotes, désormais de Mirage 2000. L'EC 3/2 « Alsace » fut dissous en juillet 1993 sur la BA 102 de Dijon-Longvic.

En 1994, lorsque la 2e Escadre de Chasse fut dissoute, les escadrons devenant autonomes, l'EC 1/2 « Cigognes » hérita d'une troisième escadrille qui prit d'abord l'insigne de la SPA 12 puis, en 2008 celui de la SPA 26 (Cigogne dite « de Saint Galmier »). L'EC 1/2 « Cigognes » fut transféré en 2011 à Luxeuil-St Sauveur (BA 116) et est à l'heure actuelle la seule unité navigante de la 2e Escadre de Chasse qui a été officiellement recréée le 3 septembre 2015.

De Havilland Vampire FB Mark 5 de l'EC 2/2 « Côte d'Or ». Cet avion sera perdu par accident le 22 août 1951 en Saône-et-Loire et son pilote (lieutenant Chevillotte) tué dans le crash. *(ECPAD)*

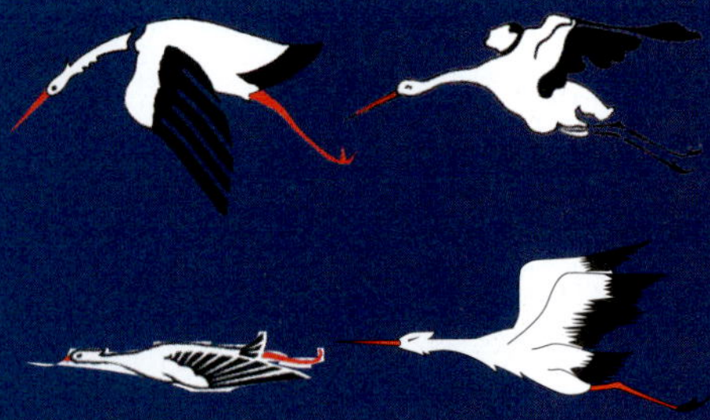

## Groupe de Chasse I/2 « Cigognes » (novembre 1945 - octobre 1949) puis

## Escadron de Chasse 1/2 « Cigognes »

*1re Escadrille: SPA 3. 2e Escadrille: SPA 103.*
*3e Escadrille: SPA 12 (en 1994) puis SPA 26 (à partir de 2008)*
*Codes et avions: x-5A (Vampire). 2-Ex (Ouragan, Mystère IVA, Mirage IIIC, B et E, Mirage 2000C et B).*

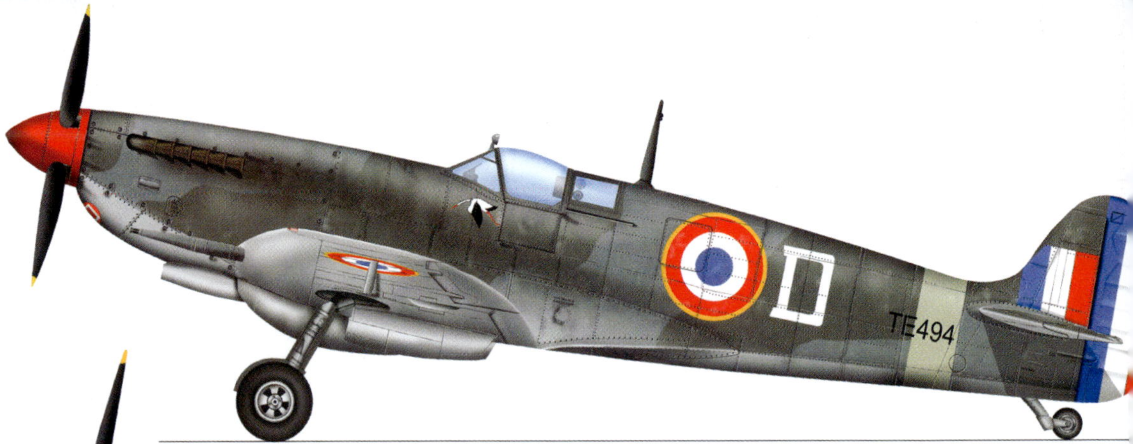


Supermarine Spitfire LF Mk.IX (TE 494) du GC 1/2 « Cigognes ». Saigon (Indochine), septembre, 1946.

Republic P-47D-30-RE Thunderbolt (s/n 44-20925) du Groupe de Chasse GC 1/2 « Cigognes ». Coblence (Allemagne), début 1948.

De Havilland Vampire FB.5 (VV730) de l'EC 1/2 « Cigognes ». Dijon-Longvic, début 1949.

Dassault Ouragan n° 199 de l'EC 1/2 « Cigognes ». Dijon-Longvic, 1954.

Formation de MD 450 Ouragan (n° 178/2-EF, n° 242/2-EK et n° 199/2-EH) de la 1re escadrille (SPA 3) des « Cigognes ». *(SHD AIR)*

Dassault Mystère IVA n° 319 de l'EC 1/2 « Cigognes ». Dijon-Longvic, 1954. L'insigne de la SPA 3 (1re escadrille) est porté à gauche de la dérive et celui de la SPA 103 (2e escadrille) à droite.

Dassault Mystère IVA n° 205 de l'EC 1/2 « Cigognes » basé à Ramat-David (Israël), lors de la Crise de Suez, en novembre, 1956. Les cocardes nationales ont été remplacées par l'étoile de David, tandis que le drapeau de gouvernail a été supprimé, seul le numéro de série ayant été conservé.

Dassault Mirage IIIC n° 32 de l'EC 1/2 « Cigognes ». Dijon-Longvic, décembre 1964 à avril 1968.

Dassault Mirage IIIC n° 18 de l'EC 1/2 « Cigognes ». Dijon-Longvic, août 1966 à novembre 1968. Le chiffre « 2 » du code de fuselage est désormais évidé.

Dassault Mirage IIIB n° 211 de l'EC 1/2 « Cigognes ». Dijon-Longvic, mars 1965 à juin 1966.

Dassault Mirage IIIE n° 471 de l'EC 1/2 « Cigognes ». Dijon-Longvic, 1982. Sur cet appareil camouflé, le code est désormais placé à l'avant du fuselage, tandis que le drapeau de gouvernail a disparu. Insignes de la SPA 3 à gauche de la dérive et de la SPA 103 à droite.

Alignement de Vampire à Dijon-Longvic. Au premier plan, le VZ166 (5A-G) est l'avion du commandant Gauthier, de l'état-major de l'escadre, Derrière, le n° 7 n'appartient pas aux « Cigognes » dont les appareils portent à l'époque un matricule compris entre 5A-A et 5A-Z.
*(SHD AIR)*

Dassault Mirage 2000C
n° 32 de l'EC 1/2
« Cigognes ».
Dijon-Longvic, 1985.

Dassault Mirage 2000B
n° 505 de l'EC 1/2
« Cigognes ».
Dijon-Longvic, 1985.

Dassault Mirage 2000-5F n° 32 de l'EC 1/2
« Cigognes ».
Dijon-Longvic,
novembre 1998
à avril 2001.

Alphajet E n° 43 de l'EC 1/2 « Cigognes »
à Dijon en 1999.
*(G. Paloque)*

Dassault Mirage 2000-5F n° 43 de l'EC 1/2 « Cigognes ». Dijon-Longvic, janvier 2009. L'inscription « ARMÉE DE L'AIR » fut introduite sur tous les appareils en 2006.

Dassault Mirage 2000-5F n° 56 de l'EC 1/2 Cigognes ». Dijon-Longvic, 2009. Le code en 2-xx a été remplacé par celui en 102-xx, ce numéro correspondant à celui de la BA 102 « Capitaine Georges Guynemer », de Dijon. Cet appareil porte l'insigne de la SPA 12 (3e escadrille des « Cigognes ») sur le côté droit de sa dérive.

Dassault Aviation-Dornier Alphajet n°E43. Basé à Dijon en 1999, ce biplace était utilisé par l'EC 1/2 comme avion de complément.

Quatre Mirage 2000-5F de l'EC 1/2 le 11 août 2006 sur la base de Nellis, au Nevada, au cours de l'exercice « Red Flag 06-02 ». L'avion au premier plan (n° 45, « Echo Kilo ») emporte un missile MICA IR sous son aile droite. *(USAF)*

## Escadron de Chasse 2/2 « Côte d'Or »

*1re Escadrille: SPA 65. 2e Escadrille: SPA 57. 3e Escadrille: SPA 94 (à partir de 1972).*
*Codes et avions: x-DU (Vampire). 2-Fx (Ouragan, Mystère IVA). Dissous en novembre 1957, l'EC 2/2 sera reformé en avril 1965 et reprendra son ancien code (2-Fx) sur ses Mirage IIIC et E, Mirage 2000 et Alphajet.*
*Le code 2-Zx sera attribué aux Mirage IIIBE et IIIR. En 2009, le code des Alphajet devient 102-Mx*

De Havilland (SNCASE) Vampire FB.51 n°10020 de l'EC 2/2 « Côte d'Or ». Dijon-Longvic, 1953. De mai 1951 à octobre 1957, Les insignes portés sont ceux des SPA 65 et SPA 57.

Bidons Ouragan de l'EC 2/2 "Côte d'Or"

Dassault Ouragan n° 156 de l'EC 2/2 « Côte d'Or ». Dijon-Longvic, 1953. Un seul insigne est porté des deux côtés de l'avant du fuselage, soit celui de la SPA 65 (1re escadrille), soit celui de la SPA 57 (2e escadrille).

Dassault Mystère IVA n° 145 de l'EC 2/2 « Côte d'Or ». Dijon-Longvic, mars 1956 à septembre 1957. Les insignes portés sur la dérive sont ceux de la SPA 65 (à gauche) et de la SPA 57 (à droite).

Dassault Mirage IIIC n° 95 de l'EC 2/2 « Côte d'Or ». Dijon-Longvic, avril à juillet 1965.

Dassault Mirage IIIC n° 8 de l'EC 2/2 « Côte d'Or ». Dijon-Longvic, mai 1968 à novembre 1975. Insignes portés sur la dérive : SPA 65 à droite et SPA 57 à gauche.

Dassault Mirage IIIB n° 227 de l'EC 2/2 « Côte d'Or ». Dijon-Longvic, mai 1966 à décembre 1969, puis de janvier 1970 à novembre 1970. Cet appareil sera perdu en novembre 1970. Insignes de dérive : SPA 65 à droite et SPA 57 à gauche.

Dassault Mirage IIIB n° 213 de l'EC 2/2 « Côte d'Or ». Dijon-Longvic, avril 1965 à octobre 1969. Insignes : SPA 65 à droite et SPA 57 à gauche.

Mirage IIIBE n° 268 de l'EC 2/2 « Côte d'Or ». Dijon-Longvic. Marquage porté de juillet 1972 à mars 1982, puis de janvier 1983 à juin 1986.

Dassault Mirage IIIB n° 217 de l'EC 2/2 « Côte d'Or ». Dijon-Longvic, mars 1983 à juin 1985. Cet appareil sera perdu le 11 juin 1985 après une sortie de piste.

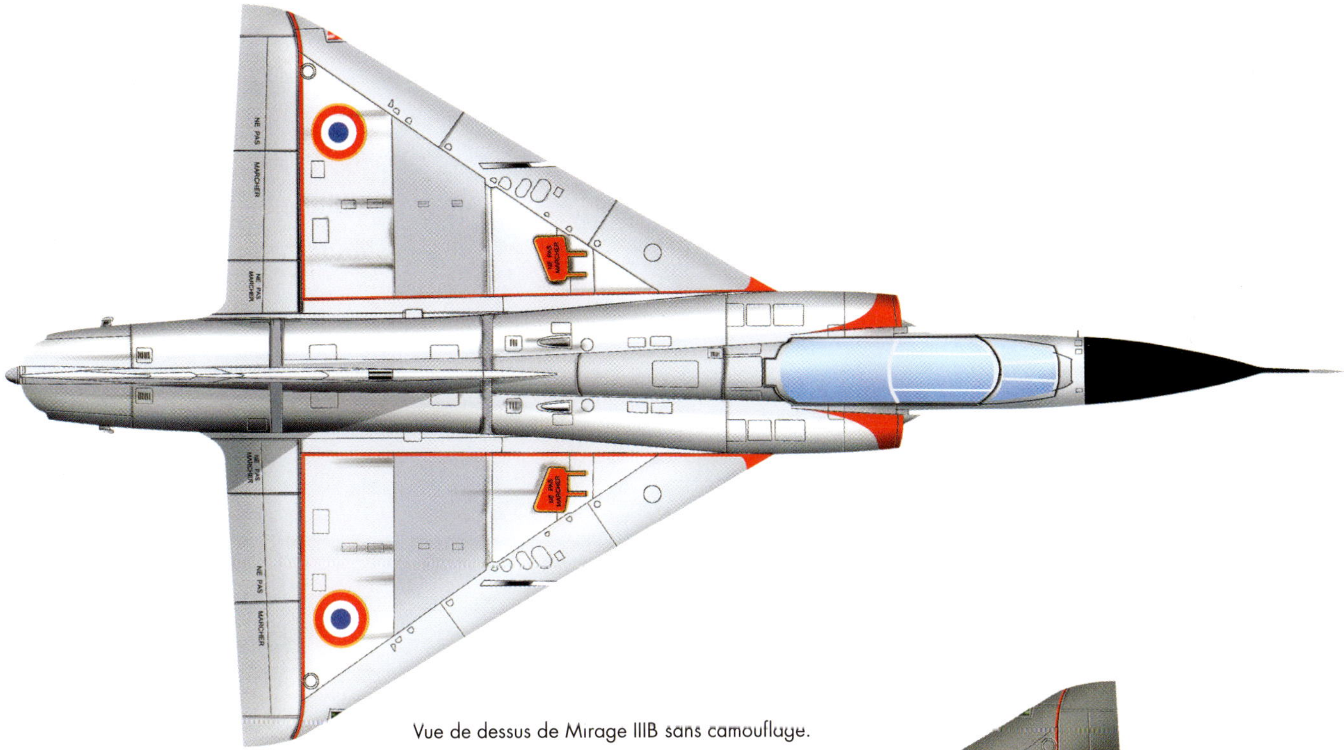

Vue de dessus de Mirage IIIB sans camouflage.

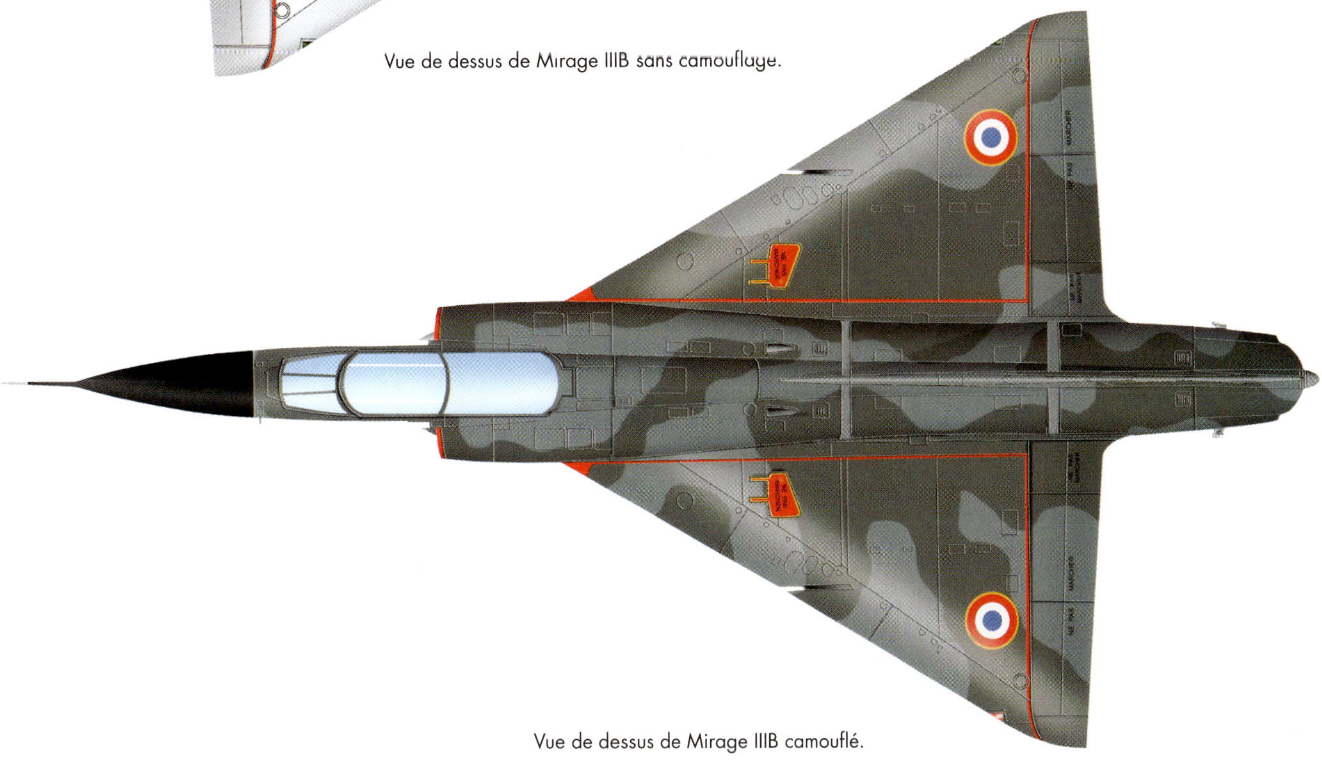

Vue de dessus de Mirage IIIB camouflé.

Dassault Mirage IIIBE n° 274 de l'ECT 2/2 « Côte d'Or ». Dijon-Longvic, 1985.

Dassault Mirage IIIR n° 349 de l'ECT 2/2 « Côte d'Or ». Dijon-Longvic, mars 1985 à juin 1986.

Dassault Mirage 2000C n° 4 de l'EC 2/2 « Côte d'Or ». Dijon-Longvic, juillet 1996 à juin 1997.

Ce Mirage 2000-5 n° 66 de l'ECT 2/2 fut spécialement décoré pour célébrer le cinquantenaire du « Côte d'Or », en 2000. *(G. Paloque)*

Mirage IIIBE n° 275 de l'ECT 2/2 « Côte d'Or » à Solenzara au milieu des années soixante-dix. L'avion, alors au début de sa carrière dans l'Armée de l'Air, ne porte pas de camouflage.
*(E. Moreau)*

Dassault Mirage 2000B n° 509 de l'ECT 2/2 « Côte d'Or ». Dijon-Longvic, 1994.

Dassault Mirage 2000-5F n° 48 de l'ECT 2/2 « Côte d'Or ». Dijon-Longvic, novembre 2003 à mai 2005.

Dassault Mirage 2000C n° 66 de l'ECT 2/2 « Côte d'Or ». Dijon-Longvic, 2000. Décoration spéciale réalisée pour célébrer le cinquantenaire du « Côte d'Or ».

Dassault-Dornier Alphajet n°E33 de l'EE 2/2 « Côte d'Or ». Dijon-Longvic, 2009. L'insigne de la SPA 65 est porté des deux côtés de la dérive.

Dassault-Dornier Alphajet n°E97 de l'EE 2/2 « Côte d'or ». Dijon-Longvic, 2009. Le numéro de l'escadre est remplacé par celui de la base aérienne de Dijon (BA 102). Insigne SPA 57 des deux côtés de la dérive.

Mirage IIIBE n° 266 de l'EC 2/2 « Côte d'Or ».
*(G. Paloque)*

## Escadron de Chasse 3/2 « Côte d'Or »

### (octobre 1949 - octobre 1950).

*1re Escadrille: SPA 31. 2e Escadrille: SPA 94. Le 1er octobre 1950, l'EC 3/2 reprend les traditions des SPA 65 et SPA 57, puis le 1er mai 1951 il est rebaptisé « Côte d'Or ». Codes et avions: x-DU (Vampire) puis 2-Sx (Ouragan, Mystère IVA).*

De Havilland Vampire FB.5 (VV736) de l'EC 3/2 « Côte d'Or ». Octobre 1949 à octobre 1950. À cette époque, les insignes portés par les avions sont ceux des SPA 31 et SPA 94.

De Havilland Vampire FB.5 (VX960) de l'EC 3/2 « Côte d'Or ». Dijon-Longvic, 1951. De décembre 1950 à mai 1951, les appareils portent les insignes des SPA 65 et SPA 57.

## Escadron de Chasse 3/2 « Alsace »

*Insigne unique: blason de la province d'Alsace.*
*1re Escadrille: Strasbourg (pas d'insigne). 2e Escadrille: Mulhouse (pas d'insigne).*
*Codes et avions: x-NL (Vampire). 2-Sx (Ouragan, Mystère IVA). 2-Lx (Mirage IIIC, IIIE, IIIBE).*

Supermarine Spitfire Mk.IX (TE147) du GC 2/2 « Alsace ». Nha Trang, Indochine. Cet appareil sera détruit au décollage à la suite de l'éclatement d'un pneu le 6 janvier 1947.

Republic P-47D-30-RA (s/n 44-89823) du GC 2/2 « Alsace » Friedrichshafen (Allemagne), 1949.

De Havilland Vampire FB.5 (VZ218) de l'EC 3/2 « Alsace ». Dijon-Longvic, avril 1951.

SNCASE Vampire FB.51 n°10131 de l'EC 3/2 « Alsace ». Dijon-Longvic, octobre 1953.

Dassault Ouragan n° 185 de l'EC 3/2 « Alsace ». Dijon-Longvic, 1955. La croix noire sur la dérive a été peinte à l'occasion de l'exercice « Carte Blanche » de l'OTAN.

Dassault Mystère IVA n° 293 de l'EC 3/2 « Alsace ». Dijon-Longvic, janvier 1957. On notera les petites gondoles de récupération des maillons d'obus, sous le fuselage.

Dassault Ouragan de l'EC 3/2 « Alsace ». *(SHD Air)*

Dassault Mystère IVA n° 199 de l'EC 3/2 « Alsace ». Dijon-Longvic, février 1959. Le blason de la province d'Alsace est porté des deux côtés de la dérive.

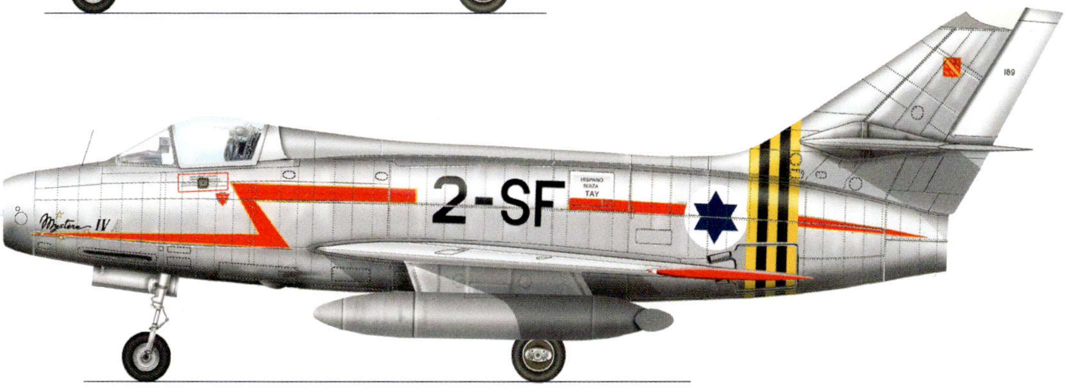


Dassault Mystère IVA n° 189 de l'EC 3/2 « Alsace » basé à Ramat-David (Israël), lors de la crise de Suez, en 1956. Les Mystère IVA de ce détachement du 3/2 reçurent les bandes d'identification jaunes et noires autour des ailes et du fuselage, tandis que les cocardes françaises étaient remplacées par des étoiles de David et que le drapeau tricolore de gouvernail était supprimé, seuls subsistant le numéro de série et l'insigne de l'escadron.

Dassault Mirage IIIC n° 12 de l'EC 3/2 « Alsace ». Dijon-Longvic, juillet 1963 à avril 1964.

Dassault Mirage IIIB n° 204 de l'EC 3/2 « Alsace ». Dijon-Longvic, octobre 1964 à juillet 1966.

Dassault Mirage IIIE n° 456 de l'EC 3/2 « Alsace ». Dijon-Longvic, juin 1984 à avril 1985. Cette décoration spéciale fut réalisée pour marquer la fin des Mirage IIIE au sein de l'EC 3/2 « Alsace ».

Dassault Mirage IIIE n° 425 de l'EC 3/2 « Alsace ». Dijon-Longvic, septembre 1968 à mai 1969.

Dassault Mirage 2000C n° 34 de l'EC 3/2 « Alsace ». Dijon, mai 1988 à juin 1993.

Dassault Mirage 2000B n° 507 de l'EC 3/2 « Alsace ». Dijon, 1985.

Dassault Mirage 2000C n° 20 de l'EC 3/2 « Alsace » à Nellis AFB (Nevada, États Unis) pendant l'exercice « Red Flag 92 ». L'avion porte un pod d'acquisition des données Matra NECA utilisé pour les exercices de combat aérien sous son aile gauche.
*(RJF/SDASM)*

## Escadron de Chasse 4/2 « Coq gaulois »
## (octobre 1949-avril 1950)

*Insignes : 1re Escadrille : SPA 62.*
*2e Escadrille : SPA 48.*
*Codes et avions : x-2C (Vampire)*

De Havilland Vampire FB.5 (VX 951) de l'EC 4/2 « Coq Gaulois ». Dijon-Longvic, 1950. L'insigne composite de l'escadron est peint sur la trappe frontale du train avant.

## Section de Liaison de la 2e Escadre

Dassault MD 312 Flamant n° 189 de la Section de Liaison de la 2e Escadre. Dijon-Longvic, 1968.

Mirage 2000C n° 57 de l'EC 1/2 « Cigognes ». Le second insigne de la 3e escadrille (« Cigogne en vol ailes allongées », dite « St Galmier » de la SPA 26) est porté sur le côté droit de la dérive. *(G. Paloque)*

Dassault MD 311 Flamant n° 265 de la Section de Liaison de la 2e Escadre. Dijon-Longvic, 1974.

Max Holste MH-1521 Broussard n° 164 de la Section de Liaison de la 2e Escadre. Dijon-Longvic, 1987.

Fouga CM-170 Magister n° 208 de la Section de liaison de la 2e Escadre. Dijon-Longvic, 1990.

Insigne de la Section de Liaison de la 2e Escadre de Chasse.

Fouga Magister n° 208 de la Section de Liaison de la 2e Escadre photographié à Dijon en 1990. On notera l'insigne de la section peint derrière le code. *(G. Paloque)*

Lockheed T-33A-1-LO (s/n 53-5282) de la Section de Liaison de la 2e Escadre. Dijon-Longvic, 1969.

## Unités rattachées à la 2e Escadre en Algérie

### EALA 1/72

L'escadrille EALA 1/72, parrainée par la 2e Escadre de Chasse fut créée en avril 1956. Basée à Sétif, en Algérie, elle participa à de nombreux détachements, en fonction des besoins du maintien de l'ordre en Algérie. L'escadrille fut dissoute en novembre 1959 et devint la 1re escadrille de l'EALA 2/2.

Insigne de l'EALA 1/72

North American T-6G1 Texan (s/n 51-15209) de l'EALA 1/72. Sétif (Algérie), 1956.

Avitaillement de Mirage IIIC de l'EC 3/2 « Alsace » à Dijon. Au premier plan, le n° 38. (ECPAD)

## EALA 8/72

L'escadrille EALA 8/72 fut créée en août 1956 à La Réghaïa (Algérie) et était parrainée par la 2e Escadre. Elle participa aux opérations jusqu'en novembre 1959 avec de nombreux détachements sur le territoire algérien. L'EALA 8/72 fut dissoute en novembre 1959 et devint la 2e escadrille de l'escadron EALA 2/2.

North American T-6G2 Texan (s/n 51-14565) de l'EALA 8/72, Détachement à Khenchela (Algérie), décembre 1956. L'éclair noir avec le code est porté sur les premiers T-6 peints en jaune affectés à la 8/72.

North American T-6G2 Texan (s/n 51-15195) de l'EALA 8/72. Tebessa (Algérie), fin 1958.

## EALA 2/2

L'escadron EALA 2/2, parrainé par la 2e Escadre, est issu du regroupement des escadrilles 1/72 et 8/72 après leur dissolution. Basé sur le terrain de Paul Cazelles, en Algérie, jusqu'en 1961, il fut ensuite envoyé à Blida en attendant sa dissolution qui eut lieu en janvier 1962. L'EALA 2/2 restera en opération de décembre 1959 à janvier 1962

North American T-6G2 Texan (s/n 51-14681). Paul Cazelles (Algérie), fin 1961.

Les Mirage IIIC des « Cigognes » à Dijon-Longvic à la fin des années soixante. L'appareil à l'arrière-plan ne porte aucun insigne d'unité. *(ECPAD)*

Republic P-47D-30-RE Thunderbolt (s/n 44-89788) du Groupe de Chasse « Navarre ». Friedrichshafen (Allemagne), 1946. Cet appareil, affecté à l'état-major du groupe, participa à l'opération « Hirondelle », qui se déroula en Afrique de l'Ouest en mars 1947, et qui consista essentiellement à montrer les cocardes françaises.

Republic P-47D-30-RE Thunderbolt (s/n 44-20922). Pilote: lieutenant Paris. Opération « Hirondelle », mars 1947.

Republic P-47D-30-RE Thunderbolt (s/n 44-33687). Cet appareil sera perdu pendant l'opération « Hirondelle » le 27 mars 1947.

## Groupe de Chasse I/3 (juillet 1947-novembre 1950), puis Escadron de Chasse 1/3 « Navarre » (novembre 1950 à aujourd'hui)

*1re Escadrille: SPA 95. 2e Escadrille: SPA 153. 3e Escadrille: SPA 62 (à partir d'août 1993)*

*Codes et avions: 3U-x (P-47). Lettre individuelle sur fuselage (Spitfire). x-3N (Vampire). x-3N puis 3-Hx (F-84G et F-84F). 3-Ix (F-100D et F, Mirage IIIE, Mirage 2000D/N), 133-Ix, 3-xx (Mirage 2000D).*

Supermarine Spitfire Mk.IX (ML271) du GC 1/3 « Navarre ». Giam Lan, Indochine. Cet appareil sera perdu avec son pilote, le lieutenant Léon Boursier, le 8 juin 1949.

Supermarine Spitfire Mk.IX (MK 716) de la 2e escadrille du GC 1/3 « Navarre ». Giam Lan (Indochine), septembre 1949. Cet appareil avait été modifié pour réaliser des missions de reconnaissance photo.

De Havilland Vampire FB.5 n°5 de l'EC 1/3 « Navarre ». Reims, 1951.

Republic F-84E-20-RE Thunderjet (s/n 50-1836) de l'EC 1/3 « Navarre ». Reims, 1952.

Le F-84F-51-GK « 3-IK » (s/n 52-9021) de l'EC 1/3 « Navarre » à Chypre en novembre 1956, pendant la crise de Suez. *(Coll. V. Gréciet)*

Republic F-84G-21-RE Thunderjet (s/n 51-10184) de l'EC 1/3 « Navarre ». Reims, 1953.

Republic F-84G-2-RE Thunderjet (s/n 51-9646) de l'EC 1/3 « Navarre ». Reims, 1953.

Republic F-84F-46-GK Thunderstreak (s/n 52-8870) de l'EC 1/3 « Navarre ». Reims, 1956. On notera la différence de taille entre le chiffre et les lettres du code.

Republic F-84F-51-GK Thunderstreak (s/n 52-8988) de l'EC 1/3 « Navarre ». Reims début 1957.

Republic F-84F-51-GK Thunderstreak (s/n 52-9030) du détachement de l'EC 1/3 basé à Akrotiri (Chypre), lors de la crise de Suez, en novembre 1956.

Republic F-84F-46-GK Thunderstreak (s/n 52-8848) de l'EC 1/3 « Navarre ». Reims, 1960. La bande jaune auparavant peinte en diagonale sur le fuselage a disparu.

North American F-100D-10-NA Super Sabre, (s/n 54-2158) de l'EC 1/3 « Navarre ». Reims, mai 1965 à avril 1966.

North American F-100F-15-NA Super Sabre (s/n 56-4009) de l'EC 1/3 « Navarre ». Reims, mai 1959 à 1965.

NA F-100D-10-NA Super Sabre (s/n 54-2158) de l'EC 1/3 « Navarre » vu à Nancy en juillet 1965. *(E. Moreau)*

Dassault Mirage IIIE n° 492 de l'EC 1/3 « Navarre ». Nancy-Ochey, juin 1970 à avril 1971.

Dassault Mirage IIIE n° 494 de l'EC 1/3 « Navarre ». Nancy-Ochey, février 1970 à février 1974.

Dassault Mirage IIIE n° 517 de l'EC 1/3 « Navarre ». Nancy-Ochey, août 1983 à mai 1986.

Dassault Mirage 2000D n° 654 de l'EC 1/3 « Navarre ». Nancy-Ochey, 1994.

Dassault Mirage 2000D n° 650 de l'EC 1/3 « Navarre ». Nancy-Ochey, 1996. L'écu composite rassemblant les insignes des trois escadrilles du « Navarre » est peint sur le côté droit de la dérive de cet appareil.

Dassault Mirage 2000D n° 683 de l'EC 1/3 « Navarre ». Nancy-Ochey, 2009. À l'époque, le numéro de la base de Nancy (133) a remplacé celui de l'escadre dans le code peint sur les appareils.

Republic P-47D-30-RE Thunderbolt (s/n 44-33395) de la 1re escadrille du GC 2/3 « Champagne ». Friedrichshafen (Allemagne), août 1948.

Supermarine Spitfire Mk.IX (PV285) du GC 2/3 « Champagne ». Nha Trang (Indochine), 1950.

Republic F-84E-31-RE Thunderjet (s/n 51-9617) de l'EC 2/3 « Champagne ». Reims, 1951. Les insignes d'escadrille peints sous la verrière sont respectivement celui de la SPA 67 à gauche, et de la SPA 75 à droite.

## Groupe de Chasse II/3 (juillet 1947-novembre 1950), puis
## Escadron de Chasse 2/3 « Champagne »
## (novembre 1950 à aujourd'hui)

*1re Escadrille: SPA 67. 2e Escadrille: SPA 75.*
*3e Escadrille: SPA 102 (à partir d'août 1992)*
*Codes et avions: C9-x (P-47). Lettre individuelle sur fuselage. x-3C (F-84G) puis 3-Ix (F-84G). 3-Ix, 3-Kx puis 3-Jx (F-84F). 3-Jx (F-100D/F, Mirage IIIE, Mirage 2000D/N). 133J-x, 3-x (Mirage 2000D)*

Republic F-84G-16-RE Thunderjet (s/n 51-10691) de l'EC 2/3 « Champagne ». Reims, 1953. Le code des appareils devint 3-Ix à partir d'août 1953.

Republic F-84F-46-GK Thunderstreak (s/n 52-8909) de l'EC 2/3 « Champagne ». Reims, 1955. Insignes de la SPA 67 à gauche, et de la SPA 75 à droite.

Republic F-84F-46-GK Thunderstreak (s/n 52-8947) du détachement de l'EC 2/3 « Champagne » basé à Akrotiri (Chypre), lors de la Crise de Suez, en novembre 1956.

Republic F-84F-46-GK Thunderstreak (s/n 52-8969) de l'EC 2/3 « Champagne ». Reims, 1958. Le code du 2/3 changea en mai 1957 et devint 3-Jx.

North American F-100D-10-NA Super Sabre (s/n 54-2158) de l'EC 2/3 « Champagne ». Reims, 1960. Insignes portés à l'avant du fuselage : SPA 67 à gauche et SPA 75 à droite.

North American F-100D-10-NA Super Sabre (s/n 54-2156) de l'EC 2/3 « Champagne ». Lahr (Allemagne), 1966. Les insignes d'escadrille sont désormais portés sur la dérive.

North American F-100F-15-NA Super Sabre (s/n 56-4009) de l'EC 2/3 « Champagne ». Lahr (Allemagne), 1966.

Dassault Mirage IIIE n° 501 de l'EC 2/3 « Champagne ». Nancy-Ochey, décembre 1966 à mars 1969.

Dassault Mirage IIIE n° 486 de l'EC 2/3 « Champagne ». Nancy-Ochey, 1970.

Dassault Mirage IIIE n° 624 de l'EC 2/3 « Champagne ». Nancy-Ochey, juillet 1987 à août 1988. Le code est désormais placé à l'avant du fuselage.

Dassault Mirage 2000N n° 358 de l'EC 2/3 « Champagne ». Nancy-Ochey, 1993. Le camouflage type « désert » fut peint à l'occasion de la participation de plusieurs appareils du « Champagne » à l'exercice « Red Flag 93-2 », sur la base de Nellis (Nevada, États Unis).

Dassault Mirage 2000N n° 356 de l'EC 2/3 « Champagne ». Nancy-Ochey, 1994.

Dassault Mirage 2000D n° 682 de l'EC 2/3 « Champagne ». Nancy-Ochey, 2009. Cet avion porte sur sa dérive l'inscription « ARMÉE DE L'AIR » introduite en 2006 et l'insigne composite des trois escadrilles du « Champagne » à droite et de la SPA 75 à gauche.

Dassault Mirage 2000D n° 649 de l'EC 2/3 « Champagne ». Nancy-Ochey, 2003. Cet avion porte sur les deux côtés de sa dérive l'insigne composite de l'escadron, composé des trois insignes d'escadrilles le composant.

Alignement de Mirage IIIE du « Champagne » sur la base de Nancy-Ochey. Au premier plan le n° 470. *(G. Paloque)*

Dassault Mirage 2000D n° 649 de l'EC 2/3 « Champagne ». Nancy-Ochey, 2003.

Schéma de camouflage type (dessus et dessous) des MIrage 2000D.

Mirage 2000D n° 682 de l'EC 2/3 « Champagne » en 2009. Le numéro de la base (« 133 » pour Nancy-Ochey) a remplacé dans le code le numéro de l'escadre. *(G. Paloque)*

## Groupe de Chasse III/3 (juillet 1944-mars 1946), puis
## Escadron de Chasse 3/3 « Ardennes »
## (janvier 1953 - novembre 1946/juillet 1974 à aujourd'hui)

*1re Escadrille: hure de sanglier sur barre bleue. 2e Escadrille: hure de sanglier sur barre rouge. 3e Escadrille: BR44 (à partir de juin 1995)*

*Codes et avions: TG-x (P-47). x-3A puis 3-Vx (F-84G). 3-Xx (Mirage 5F, Jaguar A/E, Mirage IIIE, Mirage 2000D). 133-Xx, 3-xx (Mirage 2000D)*

Republic P-47D-30-RE Thunderbolt (s/n 44-20318) du GC III/3 « Ardennes ». Trèves (Allemagne), 1946.

Republic F-84G-16-RE Thunderjet (s/n 51-10728) de l'EC 3/3 « Ardennes ». Reims, janvier 1953.

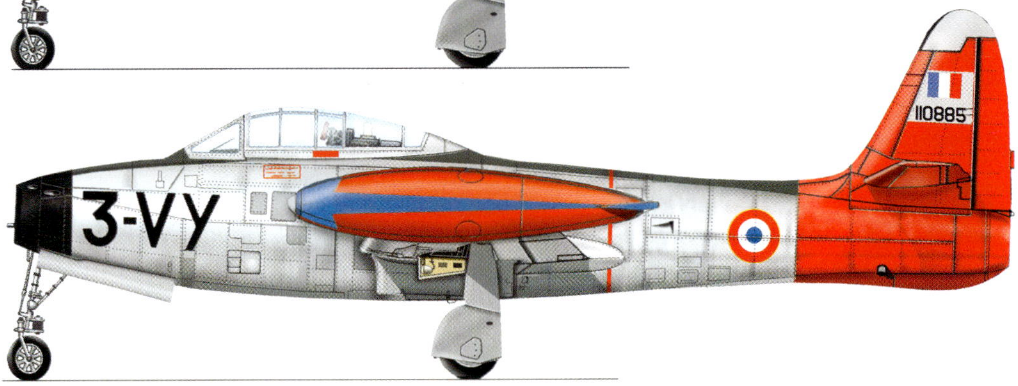


Republic F-84G-21-RE Thunderjet (s/n 51-10885) de l'EC 3/3 « Ardennes ». Reims, fin 1953.

Republic F-84F-46-GK Thunderstreak (s/n 52-8979) de l'EC 3/3 « Ardennes ». Reims 1957.

Republic F-84F-46-GK Thunderstreak (s/n 52-8931) du détachement de l'EC 3/3 « Ardennes » basé à Akrotiri (Chypre) lors de la crise de Suez en novembre 1956.

Dassault Mirage 5F n° 39 de l'EC 3/3 « Ardennes ». Nancy-Ochey, juin 1974 à décembre 1974. Cet appareil sera camouflé à l'AIA 584 au début de 1975.

Dassault Mirage 5F n° 13 de l'EC 3/3 « Ardennes ». Nancy-Ochey, janvier 1975 à janvier 1977.

SEPECAT Jaguar E n° 10 de l'EC 3/3 « Ardennes ». L'insigne de la Première escadrille (Hure de sanglier sur barre bleue), dite « la Bleue », est porté sur le côté gauche de la dérive. *(G. Paloque)*

Dassault Mirage IIIE n° 470 de l'EC 3/3 « Ardennes ». Nancy-Ochey, octobre 1992 à juillet 1993.

SEPECAT Jaguar A n° 64 de l'EC 3/3 « Ardennes ». Nancy-Ochey, 1978.

SEPECAT Jaguar E n° 2 de l'EC 3/3 « Ardennes ». Nancy-Ochey, 1997.

SEPECAT Jaguar A n° 16 de l'EC 3/3 « Ardennes ». Bangui (République Centrafricaine), 1987.

Alignement de Mirage IIIE du « Navarre » sur le parking de Cazaux en 1988. Au premier plan, le n° 512. *(G. Paloque)*

Dassault Mirage 2000D n° 633 de l'EC 3/3 « Ardennes ». Nancy-Ochey, 1997. L'insigne peint sur le côté droit de la dérive de cet avion est celui de la BR 44, la 3e escadrille de l'EC 3/3.

Mirage 2000D n° 610 de l'EC 3/3 « Ardennes ». Nancy-Ochey, 2009. Le chiffre du code est désormais celui de la base aérienne de Nancy (BA 133).

Dassault Mirage 2000D n° 626 de l'EC 3/3 « Ardennes ». Nancy-Ochey, 2004.

Mirage 2000D n° 602 de l'EC 3/3 « Ardennes » portant sur la face droite de sa dérive l'insigne de la deuxième escadrille (hure de sanglier sur barre rouge) surnommée « la Rouge ». *(G. Paloque)*

## Section de Liaison de la 3e Escadre

Dassault MD 312 Flamant n° 201 de la Section de Liaison de la 3e Escadre de Chasse. Nancy-Ochey, 1974.

Max Holste MH-1521 Broussard n° 158 de la Section de Liaison de la 3e Escadre de Chasse. Nancy-Ochey, 1987.

Dassault Mirage IIIB n° 212 de la Section de Liaison et d'entraînement de la 3e Escadre de Chasse. Nancy-Ochey, 1966. Trois biplaces furent utilisés à la transformation sur Mirage des pilotes affectés à la « Trois ».

Lockheed T-33A-1-LO (s/n 54-1579) de la Section de Liaison de la Section de Liaison de la 3e Escadre de Chasse. Nancy-Ochey, 1975.

Fouga CM 170 Magister n° 103 de la Section de Liaison et d'entraînement de la 3e Escadre de Chasse. Nancy-Ochey, 1980.

# Escadrilles rattachées à la 3e Escadre en Algérie

## EALA 4/72

L'escadrille 4/72 fut créée en avril 1956 et était basée à Marrakech, au Maroc, avec un détachement à Meknès. L'EALA 4/72 participa aux opérations au Maroc et fut parrainée en mars 1957 par la 3e Escadre de Chasse. Elle participa aux opérations lors de nombreux détachements sur le territoire algérien jusqu'en juillet 1961. L'EALA 4/72 fut dissoute en septembre 1961.

North American T-6G2 Texan (s/n 52-8245) de l'EALA 4/72. Thiersville (Algérie), 1958-1959.

## EALA 19/72

Issue de l'EALA 1/71, l'EALA 19/72 fut constituée en juin 1957 à Gafsa (Algérie) et était parrainée par la 3e Escadre de Chasse. Elle effectua de nombreux détachements sur le territoire algérien et participa aux opérations jusqu'en juillet 1961 avant d'être finalement dissoute en septembre de la même année.

North American AT-6D-NA Texan (BuNo 34585). Surnommé « Gina », cet avion était celui de l'officier mécanicien de l'EALA 19/72. Bougie (Algérie), 1960.

Fouga Magister n° 24 de la Section de Liaison et d'entraînement de la 3e Escadre de Chasse. Nancy-Ochey, 1985.
*(G. Paloque)*

# 4e Escadre de Chasse

Vol de groupe du Mirage 2000N n° 353 de l'EC 2/4 spécialement décoré à l'occasion du centenaire du « La Fayette » en 2016, accompagné du n° 370 et du Rafale B n° 351, nouvelle monture de l'Escadron. *(Armée de l'Air)*

La 4e Escadre de Chasse fut formée le 1er mai 1944 en Corse. Composée de trois Groupes de Chasse, le GC II/5 « La Fayette », le GC II/3 « Dauphiné » et le GC III/3 « Ardennes », elle était basée à la fin de la Seconde Guerre mondiale sur le terrain de Niedermendig, près de Coblence, (Allemagne) et équipée de P-47D Thunderbolt. Le GC III/3 fut dissous le 1er avril 1946.

En 1947, l'escadre fut transformée sur Spitfire Mk IX et ses deux groupes changèrent de numérotation, le GC II/3 devenant le GC I/4 « Dauphiné » et le GC II/5 étant rebaptisé GC II/4 « La Fayette ». En septembre 1947, ces deux groupes furent envoyés en Indochine afin d'y participer aux combats. À leur retour, en août 1948, le « La Fayette » et le « Dauphiné » s'installèrent sur la base de Friedrichshafen (Allemagne) et y retrouvèrent leurs P-47D Thunderbolt.

L'année 1949 marqua le passage de l'escadre dans l'ère de l réaction, puisque la « Quatre » commença à être équipée de D Havilland Vampire en octobre, ses pilote effectuant leur transformation au CTAR d Mont-de-Marsan.

En janvier 1950, la 4e Escadre de Chass était composée de quatre escadrons c chasse, les EC 1/4 « Dauphiné » et EC 2/ « La Fayette », ainsi désormais que l'E 3/4 « Flandre » et l'EC 4/4 « Ardennes » ce dernier étant dissous dès le mois d septembre 1950.

En avril 1954, la « Quatre » déménage sur la base de Bremgarten (Allemagne) o elle commença sa transformation sur M 450 Ouragan, l'EC 1/4 « Dauphiné » étant le premier escadro équipé du nouveau chasseur français. En 1956, l'escadre fut choi sie pour former la Patrouille de France pendant une seule année.

Mirage IIIE n° 577 de l'EC 2/4 « La Fayette ». *(G. Paloque)*

De 1956 à 1961, la 4e Escadre de Chasse parraina quatre ·cadrilles d'Avions Légers d'Appui (EALA) basées en Algérie, s EALA 5/70, 7/70, 17/72 et 18/72 qui furent ensuite re-oupées afin de former l'Escadron EALA 3/4.

En mai 1957, la « Quatre » fut rééquipée de Republic F-84F understreak, et six mois plus tard, l'EC 3/4 « Flandre » fut ssous.

En juin 1961, la 4e Escadre de Chasse quitta Bremgarten our s'installer sur la base de Luxeuil, dans les Vosges, et fran-it le cap des 100 000 heures de vol en novembre suivant. ctobre 1966 fut une date importante pour la « Quatre », uisqu'elle marqua l'arrivée des premiers Mirage IIIE au sein l'escadre.

En 1972, la mission originelle de la 4e EC fut modifiée, ar elle fut chargée d'assurer la mission d'assaut nucléaire actique avec l'ANP-52. Après vingt ans sur Mirage IIIE, la Quatre » franchit le cap des 150 000 heures de vol sur cet opareil.

1987 fut l'année d'un nouveau changement pour la 4e EC vec l'introduction d'un nouveau type d'appareil, le Mirage 000N biplace (pilote/navigateur), dont les premiers exem-laires furent affectés le 30 mars 1988 à l'EC 1/4 « Dauphi-é », les derniers vols sur Mirage IIIE étant réalisés en no-embre de la même année.

En juillet 1989, l'EC 2/4 prit l'alerte nucléaire avec ses 000N équipés du missile ASMP et en 1991 l'EC 1/4 quitta a FATac pour être rattaché aux Forces aériennes Stratégiques FAS). L'EC 3/4 « Limousin » fut formé sur la base d'Istres-Le ubé le 1er août 1989 et débuta rapidement sa transformation ur Mirage 2000N. Dissous en août 2011, il a été remplacé sur lace par l'EC 2/4 « La Fayette ».

Dans le cadre d'une réorganisation de l'Armée de l'Air, la 4e scadre de Chasse fut officiellement dissoute le 1er septembre 993 et ses escadrons devinrent autonomes, les Mirage 2000N eprenant en juillet 1996 la mission auparavant attribuée aux Iirage IVP.

La 4e Escadre de Chasse a été reformée sur la base aérienne le Saint-Dizier-Robinson (BA 113) le 26 août 2015. Compo-ée jusqu'en septembre 2016 des EC 1/7 « Provence » et 1/91 : Gascogne » et de l'Escadron de Transformation Rafale (ETR) /92 « Aquitaine », elle est désormais composée de l'EC 1/4 « Gascogne » (escadrilles SAL 28, SPA 79, BR 66 et SPA 37) et de l'ETR 3/4 « Aquitaine » (qui a repris les traditions des escadrilles 4B3, I/25(2) et SPA 160).

Mirage IIIB de l'EC 2/4 « La Fayette » portant sur le côté droit de sa dérive l'insigne de la première escadrille, la « Tête d'Indien Séminole », dite « de Sioux » de la N 124. *(G. Paloque)*

Ce Mirage 2000N n° 346 de l'EC 1/4 « Dauphiné » est l'un des appareils de l'escadron ayant reçu un camouflage « désert » afin de participer à l'exercice « Red Flag » en 1992. *(RJF/SDASM)*

Ce Mirage 2000N (n° 373) de l'EC 3/4 « Limousin » d'Istres faisait partie des trois avions spécialement décorés pour le 40e anniversaire des FAS (Forces Aériennes Stratégique), en 2004. *(Armée de l'Air)*

## Groupe de Chasse I/4 « Dauphiné » (juillet 1947-novembre 1949), puis
## Escadron de Chasse 1/4 « Dauphiné » (novembre 1949-juin 2010)

*1^re Escadrille: SPA 37. 2^e Escadrille: SPA 81. 3^e Escadrille: SPA 92.*
*Codes et avions: I3-x (P-47D). Lettre individuelle sur fuselage (Spitfire). x-4D (Vampire). 4-Kx et 4-Sx (Ouragan et F-84F). 4-Ax (Mirage IIIE, Mirage 2000N). Puis 116-Ax*

Republic P-47D-30-RA Thunderbolt (s/n 44-33701) de la 1^re escadrille du GC I/4 « Dauphiné ». Coblence-Niedermendig (Allemagne), fin 1945.

Republic P-47D-30-RA Thunderbolt (s/n 44-20945) de la 2^e escadrille du GC I/4 « Dauphiné ». Coblence-Niedermendig (Allemagne), mars, 1946.

Supermarine Spitfire Mk IX (TD202) du GC I/4 « Dauphiné ». Nha Trang (Indochine), fin 1947.

De Havilland Vampire FB.5 (VZ141) de l'EC 1/4 « Dauphiné ». Friedrichsafen (Allemagne), 1951.

De Havilland Vampire FB.51 (n° incertain) de l'EC 1/4 « Dauphiné ». Friedrichsafen (Allemagne), 1951.

Dassault MD 450 Ouragan n° 309 de l'EC 1/4 « Dauphiné ». Bremgarten (Allemagne), 1955.

Republic F-84F-41-GK Thunderstreak (s/n 52-8774) de l'EC 1/4 « Dauphiné », Bremgarten (Allemagne), 1957.

Republic F-84F-41-GK Thunderstreak (s/n 52-8858) de l'EC 1/4 « Dauphiné ». Luxeuil, 1965. Le n° 594 rouge indique le passage de ce chasseur en grande révision IRAN (Inspect and Repair As Necessary).

Dassault Mirage IIIE n° 509 de l'EC 1/4 « Dauphiné ». Luxeuil-St Sauveur, avril 1967 à novembre 1969.

Dassault Mirage IIIE n° 612 de l'EC 1/4 « Dauphiné ». Luxeuil-St Sauveur, de 1976 à 1984 (en trois périodes d'activité).

Dassault Mirage 2000N n° 346 de l'EC 1/4 « Dauphiné ». Luxeuil-St Sauveur, 1993. Cet avion reçut un camouflage « désert » pour sa participation à l'exercice « Red Flag 93 » sur la base de Nellis (Nevada), aux États-Unis.

Dassault Mirage 2000N n° 306 de l'EC 1/4 « Dauphiné ». Luxeuil-St Sauveur, 1988. Insigne de la SPA 37 (condor en vol) à gauche et de la SPA 81 (lévrier blanc) à droite.

Mirage 2000N n° 344 de l'EC 1/4 « Dauphiné » à Luxeuil-St Sauveur en 1993. L'insigne porté sur le côté gauche de la dérive est celui de la 3e escadrille, le « Lion de Belfort » de la SPA 92. *(G. Paloque)*

Dassault Mirage 2000N n° 344 de l'EC 1/4 « Dauphiné ». Luxeuil-St Sauveur, 1993. Sur le côté gauche de sa dérive, cet appareil porte l'insigne de la 3e escadrille du « Dauphiné », le « Lion de Belfort » de la SPA 92.

Dassault Mirage 2000N n° 343 de l'EC 1/4 « Dauphiné ». Luxeuil-Saint Sauveur, 2009. Le numéro de la base aérienne de Luxeuil-Saint Sauveur, (BA 116) a remplacé celui de l'escadre dans le code de cet appareil.

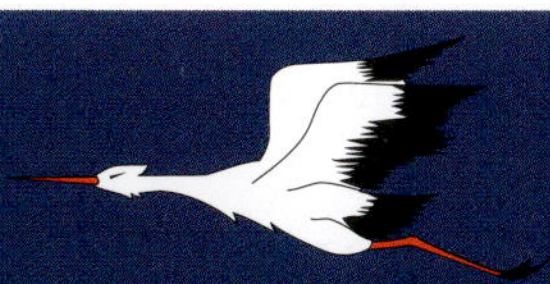

Groupe de Chasse II/4 « La Fayette » (juillet 1947-novembre 1949), puis

## Escadron de Chasse 2/4 « La Fayette »

### (novembre 1949 à aujourd'hui)

*1re Escadrille: N 124. 2e Escadrille: SPA 167. 3e Escadrille: SPA 160*

*Codes et avions: 6C-x (P-47D). Lettre individuelle sur fuselage (Spitfire). x-4L puis 4-Lx (Vampire). 4-Ux et 4-Vx (F-84F). 4-Bx (Mirage IIIE, Mirage 2000N). 116-Bx puis 125-Cx (Mirage 2000N)*

Supermarine Spitfire Mk IX (ML137) de la 1re escadrille du GC 2/4 « La Fayette ». Gia Lam (Indochine), novembre 1947.

Supermarine Spitfire Mk IX (TD 997) de la 2e escadrille du GC 2/4 « La Fayette ». Gia Lam (Indochine), janvier 1948.

De Havilland Vampire FB.5 (VZ152) de l'EC 2/4 « La Fayette ». Friedrichshafen (Allemagne), 1950. Les insignes peints à l'avant du fuselage sont ceux de la N 124 (« tête de Sioux » à gauche) et de la SPA 167 (« cigogne en vol » à droite).

SNCASE/De Havilland Vampire FB.51 n°10115 de l'EC 2/4 « La Fayette ». Friedrichshafen (Allemagne), 1950.

De Havilland Vampire FB.5 de l'EC 2/4 « La Fayette ». Friedrichshafen (Allemagne), 1950. Insignes de la N 124 à gauche et de la SPA 167 à droite.

Dassault MD 450 Ouragan n° 320 de l'EC 2/4 « La Fayette ». Bremgarten (Allemagne), 1955. Les insignes sont portés à l'avant du fuselage : N 124 à gauche et SPA 167 à droite.

Mirage IIIE n° 617 de l'EC 2/4 « La Fayette » utilisé pour le tir d'une arme nucléaire AN 52 réelle lors de l'exercice « Tamara », en août 1973. En plus de l'insigne de son escadrille (cigogne en vol de la SPA 167) cet avion porte sur sa dérive celui de l'EM 85 « Loire » (fanion de l'escadrille C46).
*(US Defense Imagery)*

Republic F-84F-51-GK Thunderstreak (s/n 52-9128) de l'EC 2/4 « La Fayette ». Bremgarten (Allemagne), 1960. Insignes peints sur le fuselage : N124 à gauche et SPA 167 à droite.

Republic F-84F-51-GK Thunderstreak (s/n 52-9112) de l'EC 2/4 « La Fayette ». Luxeuil, 1965. Le numéro 527 rouge sur la dérive indique un passage en grande visite IRAN (Inspect and Repair as Necessary).

Republic F-84F-46-GK Thunderstreak (s/n 52-8955) de l'EC 2/4 « La Fayette ». Luxeuil, 1965.

Dassault Mirage IIIE n° 523 de l'EC 2/4 « La Fayette ». Luxeuil, avril 1967 à avril 1968. Cet appareil sera perdu le 25 avril 1968.

Dassault Mirage IIIE n° 609/4-BR, EC 2/4 « La Fayette ». Luxeuil, décembre 1971 à janvier 1980. Insignes de dérive : SPA 167 à gauche et N 124 à droite.

Dassault Mirage IIIE n° 609 de l' EC 2/4 « La Fayette » Luxeuil, juin 1980 à janvier 1987. Ce « Bravo-Echo » emporte une bombe nucléaire AN 52 sous son fuselage.

Dassault Mirage 2000N n° 319 de l'EC 2/4 « La Fayette » Luxeuil, 1986. L'insigne composite du « La Fayette » est porté sur le côté gauche de la dérive.

Dassault Mirage 2000N n° 336 de l'EC 2/4 « La Fayette ». Luxeuil, 1997.

Dassault Mirage 2000N n° 335 de l'EC 2/4 « La Fayette ». Luxeuil, 1993. Le 4-BJ porte l'insigne composite comprenant les trois escadrilles du 2/4 « La Fayette ». Camouflé en deux tons de beige, cet avion a participé à l'exercice « Red Flag » en 1993.

Mirage 2000N n° 313 de l'EC 2/4 « La Fayette ». Luxeuil 2009. À cette période, le numéro de l'escadre a été remplacé par celui de la base aérienne de Luxeuil (BA 116) dans le code. Insignes de la SPA 167 (« cigogne en vol ») à gauche et de la SPA 160 (« diable rouge ») à droite.

Mirage 2000N n° 360 de l'EC 3/4 « Limousin » spécialement décoré en 2009 pour célébrer le 70e anniversaire de l'escadron.
*(G. Paloque)*

# Escadron de Chasse 3/4 « Flandre »

## (janvier 1950-novembre 1957)

*1^re Escadrille: SPA 155. 2^e Escadrille: SPA 160.*
*Codes et avions: x-4L puis 4-Lx (Vampire). 4-Lx (Ouragan)*

De Havilland Vampire FB.5 (VZ 810) de l'EC 3/4 « Flandre ». Friedrichshafen (Allemagne), 1950.

De Havilland Vampire FB.51 (n° incertain) de l'EC 3/4 « Flandre ». Friedrichshafen (Allemagne), 1953. Les Vampire français dont les surfaces supérieures avaient reçu un camouflage vert foncé étaient familièrement surnommés « grenouilles ».

De Havilland Vampire FB.5 (VZ191) de l'EC 3/4 « Flandre ». Friedrichshafen (Allemagne), 1953.

Dassault MD 450 Ouragan n° 409 de l'EC 3/4 « Flandre ». Bremgarten (Allemagne), 1955. Les insignes sont portés à l'avant du fuselage: SPA 160 (« diable rouge ») à gauche et SPA 155 (« Petit Poucet ») à droite.

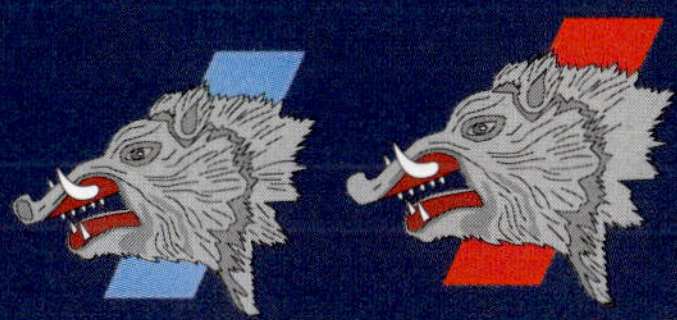

## Escadron de Chasse 4/4 « Ardennes »

**(janvier à octobre 1950)**

***Codes et avions: x-4L (Vampire).***

De Havilland Vampire FB.5 (VX971) de l'EC 4/4 « Ardennes ». Friedrichshafen (Allemagne), 1950. L'existence de cet escadron fut très courte — environ dix mois — et les insignes d'escadrilles ne furent pas portés sur les Vampire du 4/4.

## Escadron de Chasse 3/4 « Limousin »

**(août 1989-août 2011)**

***1re Escadrille: 1re escadrille GC I/9. 2e Escadrille: 2e escadrille GC II/9.***

***3e Escadrille: SPA 96 (à partir d'août 1991)***

***Codes et avions: 4-Cx (Mirage 2000N)***

Dassault Mirage 2000N n° 316 de l'EC 3/4 « Limousin ». Istres-Le Tubé, 1990.

Dassault Mirage 2000N n° 302 de l'EC 3/4 « Limousin ». Istres-Le Tubé, 2008. Cet avion porte l'insigne composite des trois escadrilles du « Limousin » sur sa dérive.

Dassault Mirage 2000N n° 373 de l'EC 3/4 « Limousin ». Istres-Le Tubé, octobre 2004. Décoration spéciale réalisée à l'occasion du 40e anniversaire des Forces Aériennes Stratégiques.

Fouga CM 170 Magister n° 399 affecté à l'EC 3/4 « Limousin » et utilisé pour des liaisons. Istres-Le Tubé, 1999.

## Section de Liaison de la 4e Escadre

Dassault MD 312 Flamant n° 153 de la Section de Liaison de la 4e Escadre. Luxeuil-St Sauveur, avril 1974.

Insigne (non officiel) de la Section de liaison de la 4e EC.

Lockheed T-33A-1-LO (s/n 51-4153) de la Section de Liaison de la 4e Escadre. Luxeuil-St Sauveur, 1977. Cet avion porte sur sa dérive l'insigne de son ancienne affectation, l'École de Chasse de Tours.

Lockheed T-33A-1-LO (s/n 51-8693) de la Section de Liaison de la 4e Escadre à Luxeuil dans les années soixante-dix. *(G. Paloque)*

Republic F-84F-41-GK Thunderstreak (s/n 52-8858) de l'EC 1/4 « Dauphiné » à Luxeuil en 1965. Le numéro rouge peint sur le fuselage et la dérive (594) indique le passage de ce chasseur en grande révision IRAN pour (Inspect and Repair As Necessary/inspecter et réparer si nécessaire). *(Coll. A. Crosnier)*

Mirage 2000N n° 329 de l'EC 3/4 « Limousin ». L'insigne de la troisième escadrille (SPA 96 « le Gaulois ») est peint à gauche sur la dérive de cet avion qui emporte des bombes conventionnelles de 250 kg sous ses pylônes de fuselage avant. *(E. Moreau)*

Republic F-84F-46-GK Thunderstreak (s/n 52-8955) de l'EC 2/4 « La Fayette ». Luxeuil, 1965. *(Coll.M. Gaubert)*

Vol de groupe d'un Mirage 2000B de l'EC 2/5 « Île de France » et de Mirage 2000C de l'« Alsace » et des « Cigognes » de la 2e Escadre. *(SDASM)*

De Havilland Vampire FB.5 de l'EC 2/5 « Île de France » en vol au début des années cinquante. Cet appareil fait partie d'un lot assemblé en France par la SNCASE à partir de sous-ensembles fournis par le constructeur britannique. *(Coll. A. Crosnier)*

De Havilland DH 100 Vampire FB.51 de l'EC 3/5 « Comtat-Venaissin » à Orange en 1953. Les Vampire dont les surfaces supérieures avaient été camouflées en vert étaient familièrement surnommés « grenouilles »... *(DR. Coll. A. Crosnier)*

Mirage F1B n° 511 de l'EC 3/5 à Orange en 1966. Le « Dragon » de la SPA 171 est porté, en tout petit, sur le côté gauche de la dérive. *(ECPAD)*

# 5e Escadre de Chasse

**C**ONSTITUÉE le 1er avril 1945 à Salon-de-Provence, la 5e Escadre de Chasse fut envoyée à Bizerte (Tunisie) l'année suivante. Elle était composée de deux groupes de chasse, le GC II/6 « Travail », qui fut renommé GC I/5 « Vendée » en février 1949, et le GC IV/2 « Île de France », qui devint GC II/5 « Île de France » à partir de juillet 1947.

Ces deux groupes, équipés de Bell P-63C Kingcobra, furent envoyés en Indochine à partir d'avril 1949 et participèrent aux combats. Le GC I/5 « Vendée » rentra en France en juillet 1950 et s'installa sur la base d'Orange-Caritat, suivi par le GC II/5 « Île de France » en janvier 1951.

En avril de la même année, les deux groupes devinrent respectivement l'Escadron de Chasse 1/5 « Vendée » et l'EC 2/5 « Île de France ».

Le passage sur chasseur à réaction (De Havilland Vampire) eut lieu en juin 1951. En janvier 1953, la 5e Escadre de Chasse reçut un nouvel escadron, l'EC 3/5 « Comtat Venaissin », dont la mission principale était précisément la transformation des pilotes sur Vampire.

Après une période sur SNCASE 535 Mistral, le tout nouveau Mystère IIC commença à équiper d'abord l'EC 3/5 en août 1956, puis les 1/5 et 2/5 l'année suivante. L'EC 3/5 fut dissous en octobre 1957 et, le mois suivant, le très attendu Mystère IVA commença à équiper l'escadre.

La « Cinq » participa au conflit algérien en parrainant, de 1956 à 1959, deux Escadrilles d'Aviation Légère d'Appui (EALA), les 2/72 et 9/72 équipées de North American T-6G. Ces escadrilles étaient

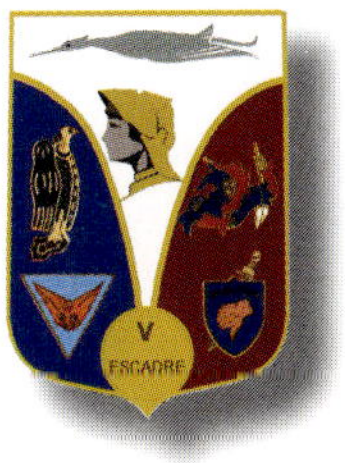


Insigne de la 5e Escadre de Chasse 1945-1946

Insigne de la 5e Escadre de Chasse 1946-1954

Mirage IIIC n° 87 de l'EC 1/5 « Vendée » en 1973. L'insigne de la SPA 26 est peint sur la flèche partiellement effacée héritée de son ancienne affectation à « l'Île de France ». *(E. Moreau)*

Insigne de la 5e Escadre de Chasse 1954-1962

Deux Mirage 2000C (n° 40 et 56) de l'EC 2/5 « Île de France » en vol en 2007. On notera les décorations différentes sur les dérives. *(Armée de l'Air)*

F1C-200 n° 263 de l'EC 1/5 « Vendée » d'Orange à la fin des années quatre-vingt.
À l'époque, les insignes d'escadrille sont devenus très discrets.
*(G. Paloque)*

Insigne de la 5e Escadre de Chasse 1962-1987

principalement basées à Batna et à Méchéria, où elles furent regroupées afin de former, en décembre 1960, l'Escadron d'Aviation Légère d'Appui (EALA) 3/5 équipé de T-28 Fennec.

Au début de l'année 1961, les EC 1/5 et 2/5 commencèrent leur transformation sur Super Mystère B2, chasseur qui resta en dotation à la 5e Escadre jusqu'en 1966.

En avril 1966 en effet, les deux escadrons passèrent sur Mirage IIIC, remplacé en mars 1974 par le Mirage F1C. Ce modèle fut suivi par le Mirage F1C-200, équipé d'une perche de ravitaillement en vol.

Afin d'assurer la transformation des pilotes sur Mirage F1, l'EC 3/5 « Comtat Venaissin » fut recréé et équipé de Mirage F1B (biplaces) et de F1C. En avril 1985, une troisième escadrille renforça cet escadron et reprit les traditions de la SPA 62.

En 1988, les Mirage F1 furent transférés à l'EC 3/30 « Lorraine » afin d'assurer la continuité de la transformation des pilotes affectés dans les escadres équipées de cet appareil, le tout nouveau Mirage 2000 arrivant l'année suivante. Il fut d'abord livré à l'EC 1/5, puis au 2/5 et finalement, en septembre 1990, au 3/5. Ces modèles furent suivis en 1991, par des Mirage 2000C RDI.

Dans le cadre de la réorganisation de l'Armée de l'Air et de la suppression du « niveau escadre », la 5e Escadre fut dissoute en juin 1995 et ses escadrons devinrent autonomes. Selon cette nouvelle structure, l'EC 2/5 hérita en janvier 1996 d'une troisième escadrille qui prit le nom de « Vincennes » et en août suivant, l'EC 1/5 reçut lui aussi une troisième escadrille qui reprit les traditions de la C 46.

Le 30 août 1997, l'EC 3/5 « Comtat-Venaissin » fut dissous, suivi en juin 2007 par l'EC 1/5 « Vendée ».

En 2008, la 3e escadrille (« Vincennes ») de l'EC 2/5 a repris les traditions de la SPA 124 (« Jeanne d'Arc ») qui était en sommeil depuis la dissolution du « Vendée », en juin 2007, et en septembre 2015, le 3/5 a été reconstitué sous la forme de l'EIV (Escadron d'Instruction au Vol) 3/5 « Comtat-Venaissin » basé à Salon-de-Provence.

Mirage F1B n° 260 de l'EC 3/5 « Comtat Venaissin » portant sur le côté gauche de sa dérive la « tête de mort sur un étendard noir », insigne hérité de l'ERC 571.
*(G. Paloque)*

## Groupe de Chasse I/5 « Vendée » (avril 1949 - avril 1951), puis **Escadron de Chasse 1/5 « Vendée »** (avril 1951-juin 2007)

*1re Escadrille: SPA 26. 2e Escadrille: SPA 124. 3e Escadrille: C 46 (à partir de 1997).*
*Codes et avions: 5T-x (P-63). x-5N (Vampire) après 1953. 5-Nx (Vampire, Mistral, Mystère IIc, Mystère IVA, SMB2, Mirage IIIC, Mirage F1 et Mirage 2000)*

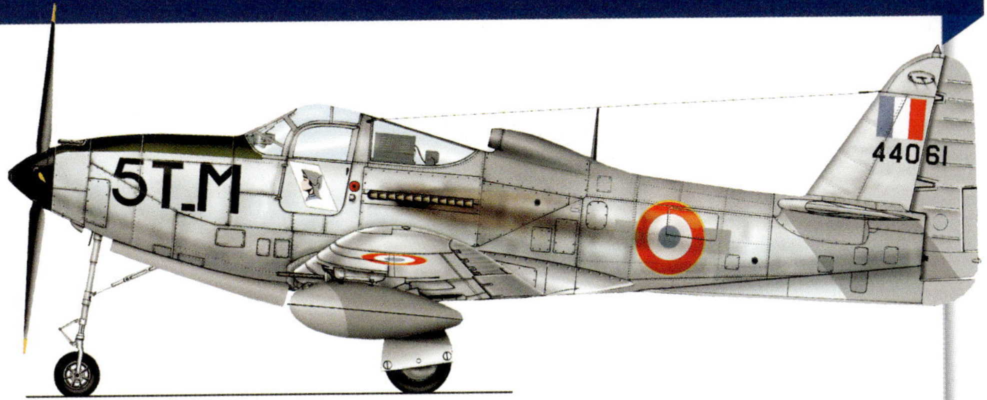


Bell P-63C-5-BE Kingcobra (s/n 44-4061) du GC I/5 « Vendée ». Sidi Ahmed (Tunisie), 1947-1949.

De Havilland Vampire FB.51 n°10013 de l'EC 1/5 « Vendée ». Orange-Caritat, fin 1951.

De Havilland Vampire FB.51 n°10042 de l'EC 1/5 « Vendée ». Orange-Caritat, 1952.

De Havilland Vampire FB.51 n°10130 de l'EC 1/5 « Vendée ». Orange-Caritat, fin 1953. Le code devient 5-Nx en juillet-août 1953.

SNCASE 535 Mistral n° 146 de l'EC 1/5 « Vendée » Orange-Caritat, 1955.

Dassault Mystère IIC n° 88 de l'EC 1/5 « Vendée ». Orange-Caritat, 1957. Insignes de la SPA 124 (« tête de Jeanne d'Arc ») à gauche de la dérive et de la SPA 26 (« cigogne en vol, ailes allongées » dite « St-Galmier ») peinte sur une bande bleu ciel, à droite.

Dassault Mystère IVA n° 80 de l'EC 1/5 « Vendée ». Orange-Caritat, 1960

Dassault Super Mystère B2 n°86 de l'EC 1/5 « Vendée ». Orange-Caritat, 1962. L'éclair rouge du fuselage des SMB2 de l'EC 1/5 peut-être liseré de noir ou de jaune.

Dassault Mirage IIIC n° 41 de l'EC 1/5 « Vendée ». Orange-Caritat, juillet 1966 à octobre 1968. Insignes sur la dérive : SPA 124 à gauche et SPA 26 à droite (première représentation de l'insigne).

Dassault Mirage IIIC n° 55 de l'EC 1/5 « Vendée ». Orange-Caritat, février 1970 à juin 1972. Seconde représentation de l'insigne sur les Mirage IIIC du 1/5.

Dassault Mirage F1C n° 40 de l'EC 1/5 « Vendée ». Orange-Caritat, juillet 1974 à septembre 1975. Insignes de dérive : SPA 26 (première représentation) à gauche et SPA 124 à droite.

Dassault Mirage F1C-200 n°231/5-NK, EC 1/5 « Vendée ». Orange-Caritat, janvier 1980 à février 1981. Seconde représentation de l'insigne de la SPA 124 à gauche et SPA 26 à droite.

Mirage F1C n° 49 du « Vendée » en vol. *(USAF)*

Dassault Mirage F1 C-200 n° 265 de l'EC 1/5 « Vendée ». Orange-Caritat, novembre 1981 à avril 1988. À l'époque, la taille des insignes d'escadrille a été réduite.

Dassault Mirage 2000C n° 52 de l'EC 1/5 « Vendée ». Orange-Caritat, 1992. Insignes de dérive : SPA 26 à gauche et SPA 124 à droite.

Dassault Mirage 2000B n° 527 de l'EC 1/5 « Vendée ». Orange-Caritat, 1992.

Dassault Mirage 2000C n° 43 de l'EC 1/5 « Vendée ». Orange-Caritat, 1998. Ce « November-Kilo » porte sur sa dérive l'insigne de la 3e escadrille du « Vendée » (C 46).

## Groupe de Chasse II/5 « Île de France » (octobre 1947-avril 1951), puis

## Escadron de Chasse 2/5 « Île de France »

## (avril 1951 à aujourd'hui)

***1re Escadrille : « Paris », C46 (à partir d'avril 2012). 2e Escadrille : « Versailles », SPA 84 (à partir d'avril 2012). 3e Escadrille : « Vincennes » (à partir de janvier 1996), puis SPA 124 (septembre 2008).***
***Codes et avions : Lettre individuelle (P-63 en Indochine). 5-0x (Mistral, Mystère IIc, Mystère IVA, SMB2, Mirage IIIC, Mirage F1C et Mirage 2000C/B)***

Bell P-63C-5-BE Kingcobra (s/n 43-11706) de l'EC 2/5 « Île de France ». Hanoï (Indochine), 1949.

De Havilland Vampire FB.5 (VZ215) de l'EC 2/5 « Île de France ». Orange-Caritat, 1951. L'insigne de l'« Île de France » est porté sur la trappe frontale du train avant.

ell P-63C Kingcobra du GC II/5 en Indochine. Les chasseurs, dépourvus de tout amouflage, ne portent pas d'insigne d'unité, seul celui au second plan possédant ne lettre individuelle.
*:CPAD)*

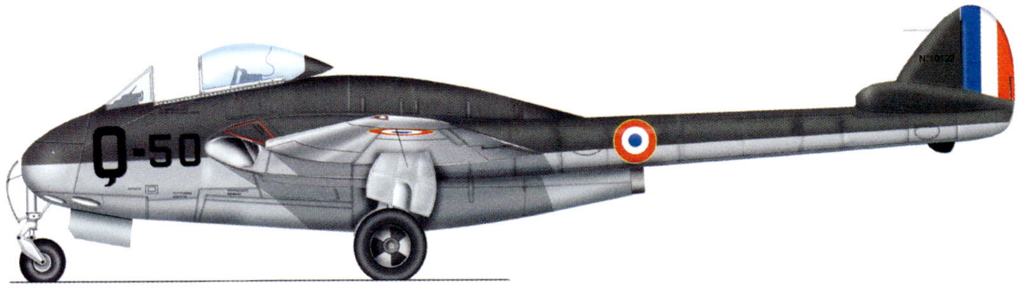


De Havilland Vampire FB.51 n°10122 de l'EC 2/5 « Île de France ». Orange-Caritat, 1952.

SNCASE 535 Mistral n° 28 de l'EC 2/5 « Île de France ». Orange-Caritat, 1951.

Dassault Mystère IIC n° 18 de l'EC 2/5 « Île de France ». Orange-Caritat, 1956. L'insigne de l'« Île de France » est porté des deux côtés de la dérive.

Dassault Mystère IVA n° 65 de l'EC 2/5 « Île de France ». Orange-Caritat, 1960.

Dassault Super Mystère B2 n° 109 de l'EC 2/5 « Île de France ». Orange-Caritat, 1961.

Dassault Mirage IIIC n° 37 de l'EC 2/5 « Île de France ». Orange-Caritat, novembre 1966 à janvier 1969.

Dassault Mirage IIIC n° 60 de l'EC 2/5 « Île de France ». Orange-Caritat, avril 1968 à août 1975.

Dassault Mirage F1C n° 202 de l'EC 2/5 « Île de France ». Orange-Caritat, mars 1977 à mai 1985.

Super Mystère B2 n° 83 de l'EC 2/5 « Île de France » à Orange en 1961. L'éclair de fuselage est bleu liseré de noir. *(ECPAD)*

Dassault Mirage F1C-200 n°268 de l'EC 2/5 « Île de France ». Orange-Caritat, décembre 1981 à décembre 1988.

Dassault Mirage 2000C n° 19 de l'EC 2/5 « Île de France ». Orange-Caritat, 2003.

Dassault Mirage 2000C n° 45 de l'EC 2/5 « Île de France ». Orange-Caritat, 1990.

Dassault Mirage 2000B n° 523 de l'EC 2/5 « Île de France ». Orange-Caritat, 1990.

## Escadron de Chasse 3/5 « Comtat Venaissin » (février 1953-novembre1957/avril 1981-août 1997) puis EIV 3/5 « Comtat-Venaissin » (depuis septembre 2015)

*1re Escadrille: ERC 571. 2e Escadrille: SPA 171.*

*Codes et avions: 5-Wx (Vampire, Mistral et Mystère IIC). 5-Ax (Mirage F1C/B et Mirage 2000C/B).*

De Havilland Vampire F.1 (TG288) de l'EC 3/5 « Comtat-Venaissin ». Orange-Caritat, 1953.

De Havilland DH 100 Vampire FB.51 (n° inconnu) de l'EC 3/5 « Comtat-Venaissin ». Orange-Caritat, 1953.

SNCASE 535 Mistral n° 28 de l'EC 3/5 « Comtat-Venaissin ». Orange-Caritat, 1958.

Dassault Mystère IIC n° 100 de l'EC 3/5 « Comtat-Venaissin ». Orange-Caritat, 1957. Les insignes d'escadrille ne sont pas portés par les Mystère IIC de l'EC 3/5.

Dassault Mirage F1C n° 74 de l'EC 3/5 « Comtat-Venaissin ». Orange-Caritat, juillet 1988 à juillet 1990.

Dassault Mirage F1B n° 515 de l'EC 3/5 « Comtat-Venaissin ». Orange-Caritat, juillet 1985 à juillet 1988.

Dassault Mirage 2000C n° 46 de l'EC 3/5 « Comtat-Venaissin ». Orange-Caritat, 1991.

Dassault Mirage 2000B n° 520 de l'EC 3/5 « Comtat-Venaissin ». Orange-Caritat, 1992. Les insignes portés sur la dérive sont ceux de la SPA 171 (2e escadrille) à gauche et de l'ERC 571 (1re escadrille) à droite.

Mirage F1B n° 519 de l'EC 3/5 « Comtat-Venaissin ». *(G. Paloque)*

## Section de Liaison de la 5e Escadre

Dassault MD 312 Flamant n° 231 de la Section de Liaison de la 5e Escadre. Orange-Caritat, 1972-1973.

Max Holste MH-1521 Broussard n° 99 de la Section de Liaison de la 5e Escadre. Orange-Caritat, 1976.

Lockheed T-33A-1-LO (s/n 53092) de la Section de Liaison de la 5e Escadre. Orange-Caritat, 1981.

Mirage IIIC n° 78 de l'EC 1/5 « Vendée » en 1973. Cet appareil, passablement « fatigué », porte encore, partiellement effacé sur le fuselage, le code de sa première affectation à l'EC 2/13 (13 PH) *(E. Moreau)*

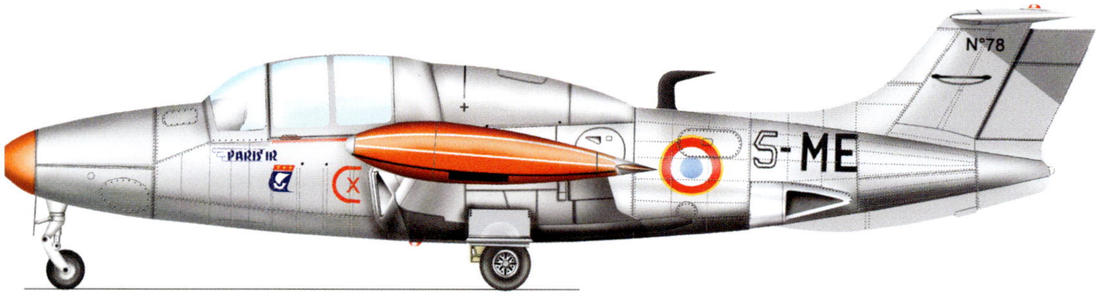


Morane Saulnier MS 760 Paris, n° 78 de la Section de Liaison de la 5e Escadre. Orange-Caritat, 1994.

Fouga CM 170 Magister n° 393 de la Section de Liaison de la 5e Escadre. Orange-Caritat, 1980 à 1990.

Mirage 2000C n° 108 de l'EC 1/5 « Vendée ». *(RJF/SDASM)*

Mirage F1C-200 n° 228 de l'EC 2/5 « Île de France » à N'Djamena (Tchad), en 1987, lors de l'opération « Épervier ». L'insigne d'escadrille est rendu illisible par un reflet. À l'époque, les « fléchettes » — surnom parfois donné au F1 — ont conservé leur livrée bleue d'origine. *(ECPAD)*

# Escadrilles rattachées à la 5e Escadre en Algérie

## EALA 2/72

Parrainée par la 5e Escadre de Chasse, l'escadrille EALA 2/72 fut créée en avril 1956 à Telergma (Algérie) puis fit mouvement vers Batna. Lors de sa période d'activité, l'EALA 2/72 effectua plusieurs détachements dans sa zone d'action. Elle fut dissoute en novembre 1959 pour former la 2e Escadrille de l'EALA 3/5.

North American T-6G Texan (s/n 51-4416) de l'EALA 2/72. Batna (Algérie), 1959.

## EALA 9/72

L'Escadrille EALA 9/72 fut créée en août 1956 et était parrainée par la 5e Escadre de Chasse. Basée à La Réghaïa (Algérie), elle effectua de nombreux détachements durant sa période d'activité, d'octobre 1956 à novembre 1959. Après sa dissolution, en novembre 1959, elle rejoignit l'Escadron EALA 3/5 pour former sa 1re escadrille.

North American T-6G Texan (s/n 49-3490) de l'EALA 9/72. Méchéria (Algérie), 1959.

## EALA 3/5

L'Escadron EALA 3/5 fut formé par la fusion de l'EALA 2/72 et de l'EALA 9/72 en décembre 1959 à Méchéria (Algérie) et était parrainé par la 5e Escadre de Chasse. Des détachements majeurs furent effectués pendant son activité sur T-6G en novembre 1960. L'escadron fut rééquipé de T-28 Fennec en décembre 1960 et poursuivit son activité opérationnelle jusqu'en 1962. Après son retour en France, l'EALA 3/5 fut dissous sur le terrain de Villacoublay.

North American T-6G2 Texan (s/n 51-14443) de l'EALA 3/5. Méchéria (Algérie), 1960. Insigne de fuselage : « Marquis » à gauche et « Petit Prince » à droite.

North American/Sud Aviation T-28 Fennec n° 68 (s/n 51-3663) de l'EALA 3/5. Méchéria (Algérie), 1962. Les insignes de la 1re et de la 2e escadrille sont portés sur le fuselage.

# 6e Escadre de Chasse

*Ci-dessus.*
Patrouille de SNCASE 535 Mistral de l'EC 1/6 « Oranie » en vol au-dessus de l'Algérie en 1955. Au premier plan, le n° 182.
*(Ch. de Taxis du Poët via A. Crosnier)*

*Ci-contre.*
Republic P-47D Thunderbolt (s/n inconnu) du GC II/6 « Normandie-Niémen » à Oran-La Sénia. Le « Neu-Neu » n'utilisa que très brièvement ses « Jug » (surnom donné par les Américains au P-47), les remplaçant par des Mistral dès juin 1952.
*(ECPAD)*

*Page suivante, en bas.*
Belle mise en scène d'un décollage sur alerte de Hellcat du « Normandie Niémen ». Le GC II/6, comme le GC I/6 utilisa, entre autres, des F6F-5 lors de son déploiement en Indochine. On notera que les appareils ne portent aucune marque individuelle.
*(ECPAD)*

À L'ISSUE de la Seconde Guerre mondiale, la 6e Escadre fut recréée pour une courte période — du 1er janvier au 1er avril 1946 — à Toussus-le-Noble. À cette époque, elle n'était constituée que d'un seul groupe de chasse, le GC III/5 « Normandie-Niémen ».

Le 1er novembre 1946, l'escadre fut reformée à Rabat-Salé (Maroc) avec le GC I/3 « Corse » de retour d'Indochine, qui fut rejoint par le GR I/20 « Lorraine », un groupe de reconnaissance qui lui fut rattaché jusqu'en mars 1947. Dans le courant du même mois, le GC III/5 « Normandie-Niémen », alors équipé de Mosquito FB.VI, fut envoyé au Maroc avant d'être affecté à la 6e Escadre.

En juillet 1947, afin de rationaliser les différentes appellations, le GC I/3 « Corse » fut renommé GC 1/6 « Corse », tandis que le GC III/5 « Normandie-Niémen » devenait le GC II/6 « Normandie-Niémen ». Le départ du GC II/6 pour l'Indochine provoqua la dissolution de la 6e Escadre, en septembre 1949.

L'escadre fut à nouveau recréée le 1er octobre 1952 sur la base d'Oran-La Sénia (Algérie). Elle était alors composée de deux escadrons, l'EC 1/6 « Oranie » et l'EC 2/6 « Normandie-Niémen », tous deux équipés de SE 535 Mistral.

En 1954, la « Six » participa aux actions de surveillance le long des frontières algériennes puis, à partir de février 1960, elle fut appelée à parrainer l'EALA 3/73, puis l'EALA 11/72.

En 1960, l'EC 2/6 « Normandie-Niémen » effectua sa transformation sur Vautour IIN, biréacteur de chasse tout temps, et sa dénomination fut donc modifiée en Escadron de Chasse Tout Temps (ECTT) 2/6 « Normandie-Niémen » avant son transfert à la 30e ECTT de Reims, le 1er mars 1962.

La 6e Escadre de Chasse fut dissoute en mars 1962.

## Groupe de Chasse I/6 « Corse »
## (juillet 1947 - avril 1952)

*1re Escadrille: SPA 88. 2e Escadrille: SPA 69.*
*Codes et avions: Les F6F Hellcat portent une lettre individuelle sur la dérive. Les DH Mosquito portent un numéro sur le fuselage.*

Supermarine Spitfire Mk. IX (PV232) du GC I/6 « Corse ». Tourane (Indochine), 1950.

Grumman F6F-5 Hellcat n° 452 du GC I/6 « Corse ». Tourane (Indochine), 1950.

De Havilland Mosquito FB.VI (RF885) du GC I/6 « Corse ». Rabat (Maroc), 1949.

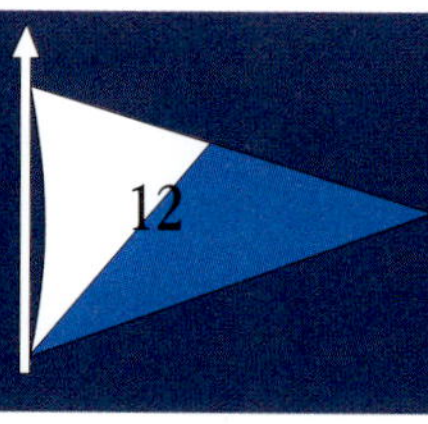

## Escadron de Chasse 1/6 « Oranie »

**(octobre 1952 - juillet 1960)**

*1<sup>re</sup> Escadrille: SPA 12. 2<sup>e</sup> Escadrille: SPA 96.*
*Codes et avions: x6-V (Mistral, 1954).*

SNCASE SE 535 Mistral n° 19 de l'EC 1/6 « Oranie ». Telergma (Algérie), 1954. Sur le fuselage figurent les insignes de la SPA 12 (fanion bleu et blanc à gauche) et SPA 96 (buste de Gaulois, à droite). La lettre individuelle du code est de plus grande taille.

SNCASE 535 Mistral n° 26 de l'EC 1/6 « Oranie ». Telergama (Algérie), 1960.

## Groupe de Chasse II/6 « Normandie-Niémen » (juillet 1947-novembre 1952), puis Escadron de Chasse 2/6 « Normandie-Niémen » (novembre 1952-octobre 1960), puis Escadron de Chasse Tout Temps 2/6 « Normandie-Niémen » (octobre 1960-mars 1962)

*Insigne unique: blason de la province de Normandie et éclair blanc de la 303<sup>e</sup> Division Aérienne soviétique.*
*Codes et avions: xQ-6 (Vampire) en 1954. Sur les Mistral, on note quelques variations dans le code.*
*6-Qx (Mistral, Vautour IIN)*

Yakovlev Yak-3 du GC 2/6 « Normandie-Niémen ». Paris-Le Bourget, mai 1945.

De Havilland FB.VI Mosquito du GC 2/6 « Normandie-Niémen ». Rabat-Salé (Maroc), 1947.

Bell P-63C-5-BE Kingcobra (s/n 44-4086) du GC 2/6 « Normandie-Niémen ». Tan Son Nhut (Indochine), 1949.

Grumman F6F-5 Hellcat du GC 2/6 « Normandie-Niémen ». Indochine 1951.

Republic P-47D Thunderbolt du GC 2/6 « Normandie-Niémen ». Oran la Sénia (Algérie), 1952. Le cône d'hélice tricolore est une tradition au Normandie-Niémen.

SNCASE 535 Mistral de l'EC 2/6 « Normandie-Niémen » en vol. Sur les Mistral, la façon dont était peint le code connut plusieurs variantes. Ici, la lettre individuelle (« P ») est peinte à l'avant et en plus grande dimension. De façon non réglementaire, cet ordre est conservé à gauche (d'avant en arrière « P-6Q »).
*(Archives A. Duvernoy via A. Crosnier)*

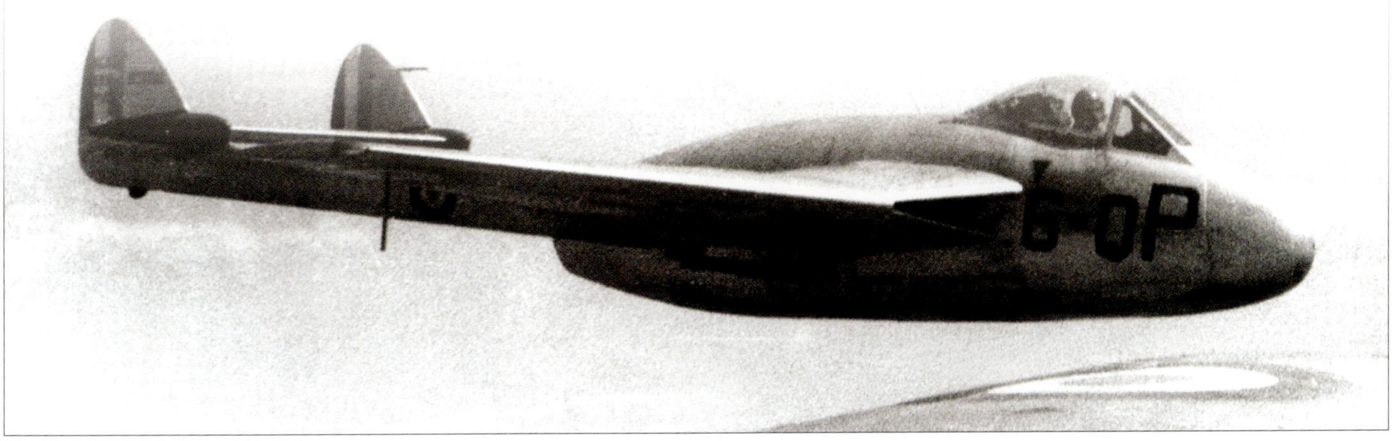

SNCASE 532 Mistral n° 2 de l'EC 2/6 « Normandie-Niémen ». Oran la Sénia (Algérie), 1952. Les premiers Mistral n'étaient pas équipés de siège éjectable.

SNCASE 535 Mistral n° 148 de l'EC 2/6 « Normandie-Niémen ». Oran la Sénia (Algérie), 1952. On notera la façon dont le code est porté, en « miroir » par rapport au côté gauche du fuselage (6-QE), tandis que la lettre individuelle a la même dimension que les autres caractères.

SNCASO SO 4050 Vautour IIN n° 339 de l'ECTT 2/6 « Normandie-Niémen ». Oran la Sénia (Algérie), 1962.

Vautour IIN n°343 de l'ECTT 2/6 « Normandie-Niémen » à Oran-la-Sénia en septembre 1961.
*(J.-P. Folliot via A. Crosnier)*

## Section de Liaison de la 6e Escadre

SNAC NC 701 Martinet n° 16 de la Section de Liaison de la 6e Escadre de Chasse. Oran la Sénia (Algérie), 1955

## Section de Liaison de la 1re Escadre

North American T-6G2 Texan (s/n 51-5033) de l'EALA 11/72, La Réghaïa (Algérie), 1957. L'insigne au Marsupilami est porté sur les deux côtés du capot-moteur.

Insigne de l'EALA 11/72

## EALA 3/73 et 11/72

L'escadrille EALA 3/73 fut constituée en juin 1957. Parrainée par la 6e Escadre de Chasse, elle était basée à Méchéria (Algérie). Elle poursuivra ses opérations en effectuant de nombreux détachements sur le territoire algérien jusqu'en octobre 1960, date où elle sera dissoute.

L'autre escadrille parrainée par la 6e Escadre de Chasse, l'EALA 11/72, fut formée en octobre 1956 à La Réghaïa (Algérie). Passée sous le parrainage de la 33e Escadre de Reconnaissance en novembre 1957, l'EALA 11/72 restera en opérations jusqu'en juillet 1961 et sera dissoute le mois suivant sur la base de Zenata (Algérie).

North American T-6G2 Texan (s/n 14936) de l'EALA 11/72. Blida (Algérie), 1960.

Insigne de l'EALA 3/73

North American T-6G Texan (s/n 49-3055) de l'EALA 3/73. Paul Cazelles (Algérie), 1959.

En 1992, à l'occasion des 80 ans de l'escadrille SPA 15, le Jaguar A 80 reçut une décoration spéciale. Il est ici en vol avec deux autres Jaguar du « Provence » portant le camouflage « désert » de dernière génération. *(Armée de l'Air)*

# 7e Escadre de Chasse

LA 7E ESCADRE DE CHASSE fut créée le 1er octobre 1932 à Dijon et fut basée successivement en Métropole, en Afrique du Nord et au Moyen Orient. En novembre 1945, ses deux groupes (GC I/7 et GC II/7) furent envoyés en Indochine et dotés dans un premier temps de chasseurs japonais Nakajima Ki-43 Hayabusa (« Oscar ») littéralement à bout de souffle et rapidement remplacés par des Spitfire Mk IX. Le GC I/7 revint en Métropole en juillet 1946, suivi le mois suivant par le GC II/7. Affectés à Friedrichshafen (Allemagne), les groupes passèrent sous le commandement de la 1re Escadre de Chasse.

La 7e Escadre de Chasse fut reconstituée sur le terrain de Bizerte-Sidi Ahmed (Tunisie) le 17 novembre 1951. Elle était alors composée des EC 1/7 « Provence » et EC 2/7 « Nice » équipés d'abord de De Havilland Vampire FB.5 puis de SNCASE 535 Mistral qui servirent lors du conflit en Algérie jusqu'en 1961, date où ses chasseurs commencèrent à être remplacés par les premiers Mystère IVA. À la mi-juillet 1961, la base de Bizerte fut attaquée par des troupes tunisiennes et la 7e Escadre engagea ses Mistral pour briser l'encerclement. Après cette opération, l'escadre reprit une activité normale avec ses Mystère IVA.

En novembre 1961, l'ensemble de l'escadre revint en France et s'installa sur la base de Nancy-Ochey. Les 7e et 8e Escadres furent alors regroupées afin de former une grande unité à trois escadrons comprenant l'EC 1/7 « Saintonge », l'EC 2/7 « Nice » et l'EC 3/7 « Languedoc ». Ce dernier était issu de la 8e Escadre (ex EC 2/8 « Languedoc ») et forma la « Patrouille de France »

MD 454 Mystère IVA n° 59 de l'EC 3/7 « Languedoc ». De façon tout à fait inhabituelle, l'appareil ne porte aucun insigne sur sa dérive. *(M. Cristeco via G. Paloque)*

Décollage du Rafale B n° 312 portant l'insigne composite du « Provence » sur le côté droit de sa dérive.
*(F. Lert)*

pendant trois ans. En mars 1962, l'EC 1/7 « Saintonge » fut renommé EC 1/7 « Provence ». Comme cette grande unité basée à Nancy ne pouvait recevoir l'ensemble de son effectif théorique, l'EC 2/7 « Nice » fut affecté à Metz-Frescaty et détaché à Bône (Algérie) jusqu'à l'automne 1962.

En octobre 1962, les trois escadrons de la « Sept » furent regroupés à Nancy afin d'assurer l'entraînement avancé des pilotes en instruction opérationnelle. À cette époque, l'escadre possédait un effectif important de Mystère IVA équipés de deux versions différentes de réacteur, les Rolls Royce Tay et Verdon.

En octobre 1963, l'EC 1/7 fut temporairement affecté à Cazaux et, au début de l'année suivante, l'EC 2/7 fut rattaché à la 8e Escadre de Chasse de Cazaux sous le nouveau nom d'EC 2/8 « Nice ».

Alors qu'elle était toujours rattachée à la 7e Escadre, la « Patrouille de France » fut dissoute en 1964, avant d'être par la suite reconstituée à Salon-de-Provence et équipée de Fouga Magister. À la fin de 1966, la 7e Escadre était basée à Nancy et comprenait deux escadrons, les EC 1/7 « Provence » et EC 3/7 « Languedoc ».

En 1972, la 7e Escadre perdit sa fonction d'entraînement opérationnel et commença à se familiariser avec les missions tactiques dans le cadre du remplacement programmé de ses Mystère par des SEPECAT Jaguar. L'année suivante, la « Sept » retrouva sa configuration à trois escadrons et l'EC 1/7 commença sa transformation sur Jaguar, rapidement suivi par l'EC 3/7 « Languedoc ». Un nouvel escadron, l'EC 2/7 « Argonne » (qui reprit les traditions des escadrilles SPA 31 et SPA 48) fut créé le 1er mai 1974. Sa mission principale était la transformation des futurs pilotes de Jaguar.

Un quatrième escadron, l'EC 4/7 « Limousin », fut constitué en 1980 à Istres. Lorsqu'il quitta la 7e escadre pour être rattaché à la 4e, la « Sept », toujours basée à Saint-Dizier-Robinson, fut de nouveau composée de trois escadrons.

La 7e Escadre détacha plusieurs de ses pilotes à la 11e Escadre afin de participer à toutes les opérations extérieures menées par la France, aussi bien en Afrique (Tchad, etc.) qu'au Moyen-Orient (guerre du Golfe de 1990-1991).

Le commandement de la 7e EC fut dissous en juin 1995 et ses trois escadrons devinrent alors autonomes. En juin 2001, l'EC 2/7 « Argonne » ainsi que l'EC 3/7 « Languedoc » furent à leur tour dissous.

En juin 2006, l'EC 1/7 « Provence » devint le premier escadron de l'Armée de l'Air à être doté du Rafale, ce qui entraîna le retrait du service des Jaguar dès le mois suivant. Cet escadron est installé depuis juin 2016 sur la Base Aérienne 104 d'Al-Dhafra (Abu-Dhabi, Émirats Arabes Unis).

SNCASE 535 Mistral n° 177 de l'EC 2/7 « Nice » à Telergma en 1956. L'insigne composite de l'escadron est peint sur la trappe avant.
*(DR, Coll. A. Crosnier)*

## Groupe de Chasse I/7 « Provence » (novembre 1945-juillet 1947), puis Escadron de Chasse 1/7 « Provence » (novembre 1951-décembre 1961/mars 1962 à aujourd'hui)

*1re Escadrille: SPA 15. 2e Escadrille: SPA 77 puis III/7(6) à partir de juillet 2016.*
*3e Escadrille: SPA 91 (à partir de décembre 1996), SPA 162 (mars 2012 à juin 2016).*
*Codes et avions: dernière lettre de l'indicatif radio de 1945 à 1957. 7-Bx (Mistral et Mystère IVA) jusqu'en 1961. 7-Hx (SEPECAT Jaguar A/E et Rafale C/B)*

Nakajima Ki-43-IIID « Oscar » du GC 1/7 « Provence ». Phnom Penh (Cambodge), fin 1947.

Supermarine Spitfire Mk IX du GC 1/7 « Provence ». Friedrichsafen (Allemagne), 1947.

De Havilland Vampire FB.51 de l'EC 1/7 « Provence ». Bizerte (Tunisie) 1951.

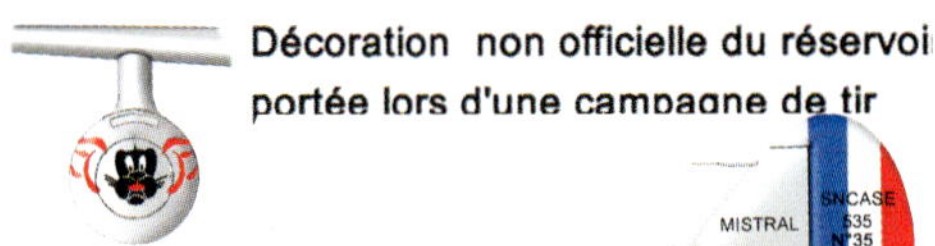

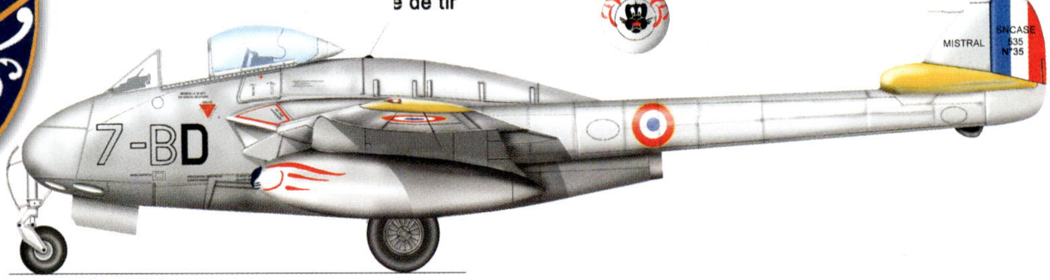

SNCASE 535 Mistral n° 35 de l'EC 1/7 « Provence ». Bizerte (Tunisie), 1958. On notera la décoration spéciale et non officielle du réservoir d'aile…

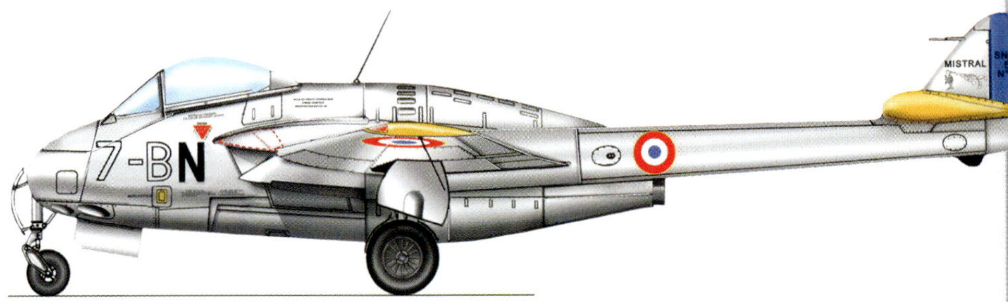

SNCASE 535 Mistral n° 181 de l'EC 1/7 « Provence ». Bizerte (Tunisie), 1958. Insignes portés sur la face extérieure des dérives : SPA 15 (à gauche) et SPA 77 (à droite).

Dassault Mystère IVA n° 286 de l'EC 1/7 « Provence ». Bizerte (Tunisie), 1961.

Dassault Mystère IVA n° 149 de l'EC 1/7 « Provence ». Bizerte (Tunisie), 1961. Les insignes sont portés sur la dérive : SPA 15 côté gauche et SPA 77 côté droit.

SEPECAT Jaguar A n° 24 de l'EC 1/7 « Provence ». Saint-Dizier-Robinson, 1975. Insignes de dérive : SPA 15 à gauche et SPA 77 à droite.

SEPECAT Jaguar E n° 37 de l'EC 1/7 « Provence ». Saint-Dizier-Robinson, 2000.

*MD 454 Mystère IV A n° 284 de l'EC 2/7 « Nice ».*
*(DR Coll. A. Crosnier)*

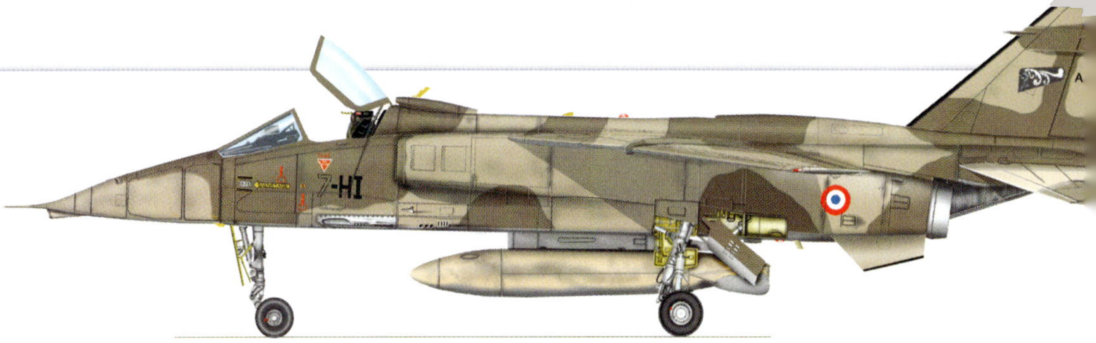


SEPECAT Jaguar A n° 97 de l'EC 1/7 « Provence ». Saint-Dizier-Robinson, 1990. L'insigne a été préservé sur son fond de camouflage d'origine.

Dassault Rafale C n° 104 de l'EC 1/7 « Provence ». Saint-Dizier-Robinson, 2005. Les insignes portés sur la dérive sont ceux de la SPA 77 à gauche et de la SPA 15 à droite

Dassault Rafale B n° 318 de l'EC 1/7 « Provence ». Saint-Dizier-Robinson, 2006. Insignes de la SPA 15 à gauche et de la SPA 77 à droite.

## Escadron de Chasse 2/7 « Nice »
## (novembre 1951 - février 1964)

*1re Escadrille: SPA 73. 2e Escadrille: SPA 78.*

*Codes et avions: les avions du « Nice » portent seulement la dernière lettre de leur indicatif radio de 1945 à 1951. 7-Cx (Mistral et Mystère IVA).*

De Havilland Vampire FB.51 n° 10090 de l'EC 2/7 « Nice ». Bizerte, (Tunisie), 1951.

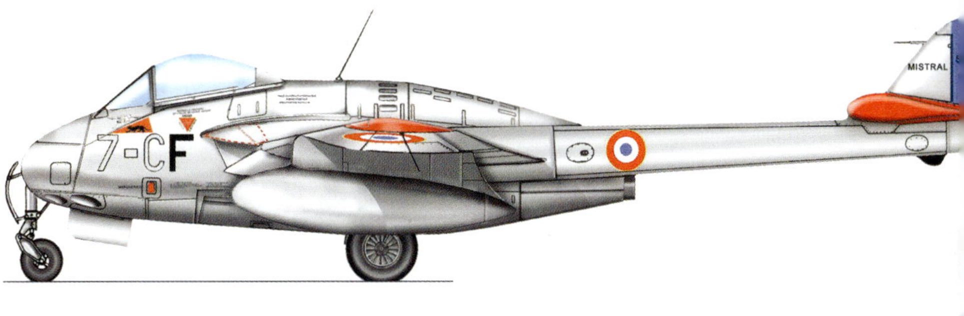


SNCASE 535 Mistral n° 148 de l'EC 2/7 « Nice ». Bizerte, (Tunisie), 1958-1959. Cet appareil était affecté au « patron » du « Nice » et portait, à la fois sur la trappe frontale du train et sous le pare-brise, les deux insignes des escadrilles de l'escadron.

SNCASE SE 535 Mistral n°52 de l'EC 2/7 « Nice ». Bizerte (Tunisie), 1951. L'insigne composite de l'escadron est porté sur la trappe frontale du train avant.

Dassault Mystère IVA n° 275 de l'EC 2/7 « Nice ». Bizerte, (Tunisie), 1962. Ce « Charlie-Charlie » porte encore sur le fuselage l'éclair bleu de sa précédente affectation (EC 1/2 « Cigognes »).

## Escadron de Chasse 2/7 « Argonne »

**(octobre 1974 - juin 2001), puis Escadron de transformation Mirage 2000D (ETD) 2/7 « Argonne » (juin 2010 à aujourd'hui)**

*1re Escadrille: SPA 31. 2e Escadrille: SPA 48.*

*3e Escadrille: SPA 154 (à partir de juillet 1994)*

*Codes et avions: 7-Px (SEPECAT Jaguar A/E et Alphajet)*

SEPECAT Jaguar A n° 5 de l'EC 2/7 « Argonne ». Saint-Dizier-Robinson, 1975. Les insignes des SPA 31 (à gauche) et SPA 48 (à droite) sont peints en grande taille sur la dérive.

MD 454 Mystère IVA n° 126 de l'EC 3/7 « Languedoc ». La bande de fuselage est bleue et l'insigne de la SPA 26 est peint sur la dérive.
*(M. Cristeco via G. Paloque)*

SEPECAT Jaguar A n° 5 de l'EC 2/7 « Argonne ». Saint-Dizier-Robinson, 1975. À l'époque, la taille des insignes a été réduite tandis que le code est désormais peint sous le cockpit.

SEPECAT Jaguar E n° 18 de l'EC 2/7 « Argonne ». Saint-Dizier-Robinson. Ce « Papa-India » porte un camouflage à trois tons de beige appliqué lors d'un exercice « Red Flag » aux États Unis, au début de 1990.

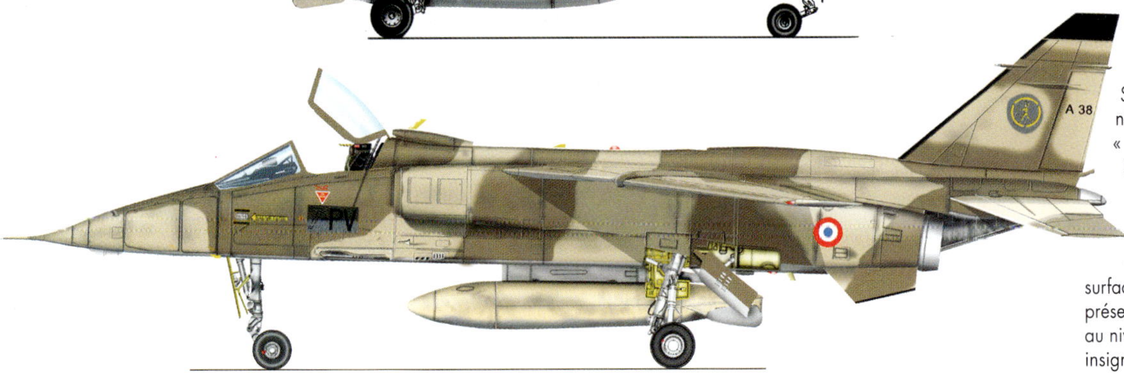


SEPECAT Jaguar A n° 38 de l'EC 2/7 « Argonne ». Saint-Dizier-Robinson. Années 1990. Cet avion porte un camouflage à deux tons de sable sur ses surfaces supérieures qui a préservé le fond d'origine au niveau du code et des insignes.

SEPECAT Jaguar E n° 39 de l'EC 2/7 « Argonne ». Saint-Dizier-Robinson, 1995. L'insigne de la SPA 154 (3e escadrille de l'EC 3/7) est peint sur le côté gauche de la dérive.

Dassault-Dornier Alphajet E n° 76 de l'EC 2/7 « Argonne ». Saint-Dizier-Robinson, 1996. Àappareil utilisé comme avion de complément.

## Escadron de Chasse 3/7 « Languedoc » (décembre 1961-juin 2001)

*1re Escadrille: 3C1. 2e Escadrille: SPA 38.*
*3e Escadrille: GC III/7(6) (à partir de décembre 1996).*
*Codes et avions: 7-Cx (Mystère IVA). 7-Ix (SEPECAT Jaguar A/E)*

Dassault Mystère IVA n° 207 de l'EC 3/7 « Languedoc ». Metz-Frescaty, 1964. Insignes de dérive: SPA 38 à gauche et 3C1 à droite.

Dassault Mystère IVA n° 235 de l'EC 3/7 « Languedoc ». Nancy-Ochey, fin des années soixante.

SEPECAT Jaguar A n° 92 de l'EC 3/7 « Languedoc ». Saint-Dizier-Robinson, 1975.

SEPECAT Jaguar A n° 32 de l'EC 3/7 « Languedoc ». Saint-Dizier-Robinson, années quatre-vingt. Insignes de dérive: SPA 38 à gauche et 3C1 à droite. L'appareil est armé avec des bombes anti-piste BAP 100.

SEPECAT Jaguar E n° 25 de l'EC 3/7 « Languedoc ». Saint-Dizier-Robinson, 1994.

Insigne de la SPA 38 à gauche et de la 3C1 (requin) à droite

SEPECAT Jaguar A n° 22 de l'EC 3/7 « Languedoc ». Saint-Dizier-Robinson, 1991.

SEPECAT Jaguar A n° 144 de l'EC 3/7 « Languedoc ». Saint-Dizier-Robinson, 2000. Ce « 7-IF » porte l'insigne de la « Furie » (3[e] escadrille du 3/7) dans un fanion triangulaire jaune.

SEPECAT Jaguar A n° 7 de l'EC 3/7 « Languedoc ». Saint-Dizier-Robinson, mars 1989. Décoration spéciale réalisée pour les 50 000 heures de vol sur Jaguar du « Languedoc ».

Fouga CM 170 Magister n° 415 de la Section de liaison de la 7e Escadre. Saint-Dizier-Robinson, 1987.
*(DR)*

## Escadron de Chasse 4/7 « Limousin » (avril 1980-août 1989)

*1re Escadrille: GC I/9(1) 2e Escadrille: GC I/9(2).*
*3e Escadrille: SPA 96 (à partir de juin 1991)*
*Codes et avions: 7-Nx (SEPECAT Jaguar A/E)*

SEPECAT Jaguar A n° 135 de l'EC 4/7 « Limousin ». Istres-Le Tubé, 1985. L'insigne de la 1re escadrille du GC 1/9 (« Aigle aux ailes déployées ») est porté à gauche et celui de la 2e escadrille du GC 1/9 (« Tête de fennec ») à droite.

SEPECAT Jaguar E n° 18 de l'EC 4/7 « Limousin ». Istres-Le Tubé, 1985.

Caudron C-449 Goéland n° 1185 de la Section de liaison de la 7e Escadre. Bizerte (Tunisie), 1952.

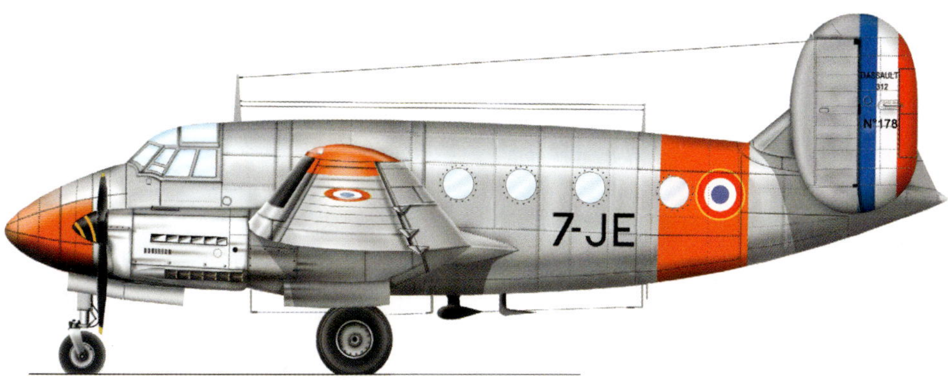


Dassault MD 312 Flamant n° 178 de la Section de liaison de la 7e Escadre. Nancy-Ochey, 1978.

Max Holste MH-1521 Broussard n° 422 de la Section de liaison de la 7e Escadre. Saint-Dizier-Robinson, 1978.

Lockheed T-33A-1-LO (s/n 54-1581) de la Section de liaison de la 7e Escadre. Saint-Dizier-Robinson, 1976.

Fouga CM 170 Magister n° 363 de la Section de liaison de la 7e Escadre. Saint-Dizier-Robinson, 1987.

Max Holste MH-1521 Broussard n° 198 de la Section de liaison de la 7e Escadre. Saint-Dizier-Robinson, 1976. *(Coll. G. Paloque)*

À l'occasion de la dissolution de l'EC 4/7 « Limousin », en juillet 1989, deux Jaguar A (ici le n° 64/7-NE) formèrent la « patrouille Ramex » et reçurent cette livrée patriotique, particulièrement appropriée en pleine célébration du bicentenaire de la Révolution française. *(G. Paloque)*

## Avions de l'état-major de la 7e Escadre

De Havilland Vampire FB.51 de l'état-major de la 7e Escadre de Chasse. Bizerte (Tunisie), 1952.

SNCASE 535 Mistral n° 229 de l'état-major de la 7e Escadre de Chasse. Bizerte (Tunisie), 1960.

## Escadrilles rattachées à la 7e Escadre en Algérie

Insigne de l'EALA 12/72

### *EALA 12/72*

L'escadrille EALA 12/72 fut créée en octobre 1956 sur la base de La Réghaïa en Algérie et s'installa ensuite à Bône les Salines. Elle fut parrainée par la 7e Escadre de Chasse jusqu'en décembre 1957, la 9e Escadre prenant ensuite la relève.

North American T-6G2 (s/n 49-3495) de l'EALA 12/72. Bône les Salines (Algérie), 1957. L'insigne de la SPA 77 sous le pare-brise rappelle le parrainage de l'escadrille par la 7e EC. Sur la dérive, est peint l'insigne non officiel de l'unité surnommé la « Chéchia supersonique ».

North American T-6G2 (s/n 43-4594) de l'EALA 12/72. Télergma (Algérie), 1959. À l'époque, la 9e Escadre a pris la relève du parrainage de l'unité et ce Texan porte l'insigne de l'EALA 12/72 qui deviendra la 2e escadrille de l'Escadron 3/9 « Numidie ».

SNCASE SE 535 Mistral n° 27 de l'EC 2/7 « Nice » à Bizerte-Sidi Ahmed (Tunisie) en 1959. L'avion est armé de bombes de 500 livres (250 kg) sous les ailes.
*(DR)*

Dassault Mystère IVA n° 235 de l'EC 3/7 « Languedoc » à Nancy- à la fin des années soixante. La flèche de fuselage est de couleur bleue.
*(Coll. G. Paloque)*

Rafale B n° 311 de l'EC 1/7 « Provence » à Saint-Dizier-Robinson en 2006. À cette époque, les Rafale du « Provence » portaient quasi systématiquement sur le côté droit de leur dérive l'écusson « composite » rassemblant les trois insignes des escadrilles constituant l'escadron.
*(F. Lert)*

Rafale B de l'EC 1/7 « Provence » (au premier plan, le n° 309) à Saint-Dizier lors de la cérémonie officielle de la mise en service de l'appareil dans l'Armée de l'Air, en 2006.
*(F. Lert)*

Ravitaillement en vol du Jaguar A n° 138 de l'EC 1/7 « Provence » au-dessus de l'Adriatique pendant l'opération « Allied Force », en 1999.
*(USAF)*

Dassault Mystère IVA n° 26 de l'EC 1/8 « Maghreb » à la fin des années cinquante en Algérie.
*(J.-F. Salles. Coll. A. Crosnier)*

# 8e Escadre de Chasse

CRÉÉE en 1936, la 8e Escadre de Chasse fut engagée à partir de mars 1952 dans les opérations en Indochine avec les deux unités qui la composaient à l'époque, le Groupe de Marche (GM) I/8 et le Groupe de Chasse (GC) II/8.

Constitué le 15 mars 1951 à Sidi Ahmed, en Tunisie, le GM I/8 « Saintonge » s'entraîna sur P-47 en vue de son séjour en Indochine, mais c'est finalement avec des Grumman F8F-1 Bearcat qu'il rejoignit Bach Maï à la mi-septembre 1951. Les opérations de guerre commencèrent rapidement mais ces missions furent souvent ponctuées d'accidents, parfois mortels. Ayant atteint les 600 heures de vol, les Bearcat durent être envoyés en grande révision aux États Unis. Malgré cela, les opérations continuèrent avec un taux de pertes élevé, tant en pilotes qu'en matériel, si bien qu'en octobre 1953, l'effectif du GM I/8 n'était plus que de vingt appareils. Le 1er novembre 1953, le groupe fut rebaptisé GC 1/22 « Saintonge » mais conserva les traditions de ses précédentes escadrilles et resta basé à Bach Maï.

Le GC II/8 « Languedoc » fut quant à lui reconstitué le 1er août 1951 à Oran-La Sénia, en Algérie, et les vols d'entraînement sur P-47 Thunderbolt commencèrent à la fin du même mois afin de préparer les pilotes à leur déploiement en Indochine. Le 18 février 1952, le personnel du groupe arriva à Haïphong à bord du paquebot *Pasteur* et fut envoyé à Cat-Bi. Les États Unis ayant interdit à la France d'utiliser ses P-47 en Extrême Orient, les pilotes reçurent à la place des Grumman F8F-1 Bearcat. Après une période d'acclimatation à ce nouvel appareil, les opérations débutèrent rapidement, si bien que le 15 juin 1952, le cap des 1000 missions de guerre avait été franchi! Le GC 2/8 fut renommé GC 2/22 « Languedoc » le 1er novembre 1953 et conserva lui aussi les traditions de ses précédentes escadrilles.

La 8e Escadre de Chasse fut reformée à Rabat-Salé (Maroc) en avril 1955. Elle était alors constituée de deux escadrons, l'EC 1/8 « Maghreb », qui fut rebaptisé « Saintonge » en février 1956, et l'EC 2/8 « Languedoc », qui sera transféré en 1961 à la 7e Escadre de Chasse. Ces deux escadrons étaient à l'époque équipés de Vampire, puis de Mistral. La principale mission de cette escadre était la formation opérationnelle des jeunes pilotes de chasse et ses deux escadrons furent rééquipés de Mystère IVA à partir de 1959. Pendant le conflit algérien, entre octobre 1956 et juillet 1960, la 8e Escadre parraina l'EALA 13/72 et quitta le Maroc pour s'installer à Nancy en 1961, ses deux escadrons étant alors affectés à la 7e Escadre.

Une nouvelle fois recréée en 1964 sur la base de Cazaux, la « Huit » comprenait à l'époque deux escadrons de Mystère IVA, les EC 1/8 « Saintonge » et EC 2/8 « Nice », et conservait la mission de formation opérationnelle des pilotes de chasse. Les derniers Mystère IVA furent retirés du service en 1982 et remplacés, par des Alphajet.

En juillet 1995 fut créée l'AJeTS (Advanced Jet Training School), une unité binationale destinée à assurer la formation conjointe des pilotes français et belges.

En septembre 1995, la 8e Escadre devint une École de Transition Opérationnelle et ses escadrons furent rebaptisés. L'EC 1/8 « Saintonge » fut d'abord désigné Escadron de Transition Opérationnelle (ETO) n° 1 « Saintonge » puis, en 2009, ETO 1/8 « Saintonge ».

En 2006, l'EC 2/8 hérita d'une troisième escadrille qui reprit les traditions du No 11 Squadron de la Force Aérienne Belge. L'EC 2/8 « Nice » devint quant à lui d'abord l'Escadron de Transition Opérationnelle (ETO) n° 2 « Nice » puis, en 2009, l'AJeTS (Advanced Jets Training Squadron) 2/8 « Nice ».

La 8e Escadre a été officiellement recréée le 25 août 2015. Toujours basée à Cazaux (BA 120), elle est désormais composée de l'ETO 1/8 « Saintonge », de l'AJeTS 2/8 « Nice » et de l'escadron d'entraînement (ET) 2/2 « Côte d'Or ».

## Groupe de Marche GM I/8 « Saintonge »
## (septembre 1951-octobre 1953)

*1re Escadrille: 3C2. 2e Escadrille: 4C1.*
*Codes et avions: lettre individuelle (P-47D Thunderbolt et Grumman F8F-1B en Indochine)*

Grumman F8F-1B Bearcat (BuNo 94792) du GC1/8 « Saintonge ». Bach Maï (Indochine), octobre 1952.

## Escadron de Chasse 1/8 « Maghreb »
## (novembre 1954-septembre 1960)

*Insigne: ERC 573*
*Codes et avions: 8-Px (Vampire, Mistral, Mystère IVA)*

De Havilland Vampire FB.51 n°10177 de l'EC1/8 « Maghreb ». Rabat-Salé, (Maroc), 1954.

SNCASE 535 Mistral n° 78 de l'EC 1/8 « Maghreb ». Rabat-Salé, (Maroc), 1957.

Dassault Mystère IVA n° 48 de l'EC 1/8 « Maghreb ». Rabat-Salé, (Maroc), 1959.

## Escadron de Chasse 1/8 « Saintonge »

**(septembre 1955-juillet 1993)**

*1re Escadrille: 3C2. 2e Escadrille: 4C1*

*Codes et avions: Lettre individuelle sur la dérive (F8F Bearcat en Indochine). 8-Mx (Mystère IVA, Alphajet)*

Dassault Mystère IVA n° 278 de l'EC 1/8 « Saintonge ». Cazaux, juillet 1978 à juillet 1982.

Dassault Mystère IVA n° 187 de l'EC 1/8 « Saintonge ». Cazaux, 1980.

Dassault Mystère IVA n° 113 de l'EC 1/8 « Saintonge ». Cazaux, 1982. Le « Mike-Victor » fut spécialement décoré à l'occasion du retrait des Mystère IVA de la 8e EC.

Alphajet E n° 105 de l'ETO n° 2 « Nice » (ex EC 2/8) photographié en vol dans les environs de Cazaux, en 2008. L'insigne composite de l'Escadron de Transformation Opérationnelle (ETO) est porté sur la dérive.
*(F. Lert)*

Dassault-Dornier Alphajet n° 24 de l'EC 1/8 « Saintonge ». Cazaux, 1993.

Dassault-Dornier Alphajet n° 66 de l'EC 1/8 « Saintonge ». Cazaux, 1994. La marque de l'escadron devient plus sobre.

Dassault-Dornier Alphajet n° 76 de l'EC 1/8 « Saintonge ». Cazaux, 2003. Cet avion porte l'emblème composite regroupant les quatre insignes des escadrilles de la 8e Escadre de Chasse.

Côté droit du 8-MA.

Alphajet n° 134 de l'EC 1/8 « Saintonge ». Cazaux, 1996. Cette décoration spéciale fut réalisée pour les 60 ans du « Saintonge ».

Alphajet n° 11 de l'EC 1/8 « Saintonge ». Cazaux, 1986. Décoration spéciale pour les 50 ans du « Saintonge ».

## Groupe de Chasse II/8 (août 1951-novembre 1953), puis
## Escadron de Chasse 2/8 « Languedoc »
## (août 1955-décembre 1961)

*1^re^ Escadrille: 3C1. 2^e^ Escadrille: SPA 38.*
*Codes et avions: Lettre individuelle sur la dérive (F8F Bearcat en Indochine).*
*8-Qx (Mistral, Mystère IVA)*

Grumman F8F-1 Bearcat (BuNo 94803) du GC2/8 « Languedoc ». Cat-B (Indochine), 1953. Les insignes d'escadrille sont portés sur le capot moteur: 3C1 à gauche et SPA 83 à droite.

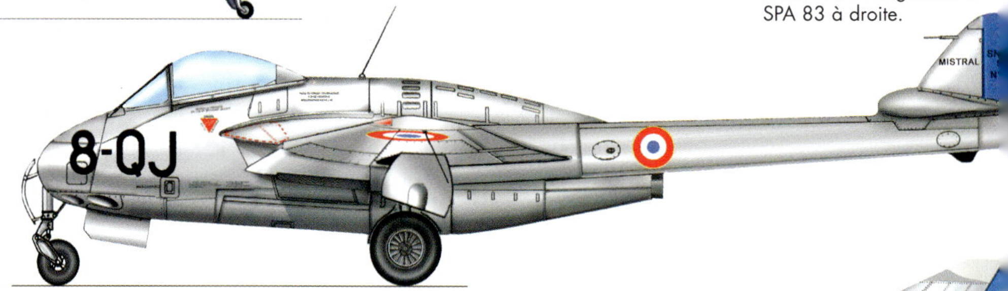


SNCASE 535 Mistral n° 148 de l'EC 2/8 « Languedoc ». Rabat-Salé (Maroc), décembre, 1956.

Dassault Mystère IVA n° 40 de l'EC 2/8 « Languedoc ». Rabat-Salé, Maroc, 1960. Insignes d'escadrille sur la dérive: SPA 38 à gauche et 3C1 à droite.

## Escadron de Chasse 2/8 « Nice » (février 1964-juillet 1993), puis Escadron de Transformation Opérationnelle n° 2 « Nice » (août 1993-septembre 2009), puis AJeTS (Advanced Jets Training Squadron) 2/8 « Nice » (septembre 2009 à aujourd'hui)

*1re Escadrille: SPA 78. 2e Escadrille: SPA 73. 3e Escadrille: No 11 Squadron du 1 Wing de la Force Aérienne Belge (à partir de mai 2006)*
*Codes et avions: 8-Nx (Mystère IVA, Alphajet)*

Dassault Mystère IVA n° 316 de l'EC 2/8 « Nice ». Cazaux, 1965. Les panneaux autour des sorties des canons ont reçu une peinture aluminium foncé. Insignes de la SPA 78 (panthère noire) à gauche de la dérive et de la SPA 73 (cigogne en virage) à droite.

Dassault Mystère IVA n° 186 de l'EC 2/8 « Nice ». Cazaux, 1980. Ici, les panneaux des sorties de canons sont peints en noir tandis que le drapeau tricolore de gouvernail a été supprimé.

*Page ci-contre.*
SNCASE 535 Mistral n° 140 de l'EC 2/8 « Languedoc » en vol au-dessus du Maroc en 1956.
*(DR. Coll. A. Crosnier)*

Mystère IVA n° 128 de l'EC 1/8 « Nice ». Les panneaux autour des sorties des canons ont été peints en noir et l'insigne de la 1re escadrille (« panthère noire » de la SPA 78) est porté sur le côté gauche de la dérive.
*(E. Moreau)*

Dassault Mystère IVA n° 241 de l'EC 2/8 « Nice ». Cazaux, 1980. Le code est placé à l'avant du fuselage et sur l'éclair rouge.

Dassault-Dornier Alphajet n° 111 de l'ETO 2/8 « Nice ». Cazaux, 1993.

Dassault-Dornier Alphajet n° 15 de l'ETO 2/8 « Nice ». Cazaux, 2009. L'insigne de l'ETO est peint sur la dérive.

Dassault-Dornier Alphajet n° 155 de l'AJeTS 2/8 « Nice ». Cazaux, 2009. Cette unité est commune à l'Armée de l'Air et à la Force Aérienne Belge (FAéB, actuellement « Composante Air »). L'insigne de l'AJeTS est peint sur la dérive, des deux côtés.

## Section de Liaison de la 8e Escadre

Dassault MD 312 Flamant n° 147 de la Section de Liaison de la 8e Escadre de Chasse. Cazaux, 1973.

SNCAC NC 701 Martinet n° 92 de la Section de Liaison de la 8e Escadre de Chasse. Rabat-Salé (Maroc), 1962.

Lockheed T-33A-1-LO (s/n 55-3096) de la Section de Liaison de la 8e Escadre de Chasse. Cazaux, années quatre-vingt.

Fouga CM 170 Magister n° 227 de la Section de Liaison de la 8e Escadre de Chasse. Cazaux, années quatre-vingt.

Max Holste MH-1521 Broussard n° 262 de la Section de Liaison de la 8e Escadre de Chasse. Cazaux.

# Escadrilles rattachées à la 8e Escadre en Algérie

North American T-6G2 Texan (s/n 50-1295) de l'EALA 13/72. Paul Cazelles (Algérie), 1956.

## EALA 13/72

L'EALA 13/72 fut créée en octobre 1956 sur la base de Rabat-Salé, au Maroc, et se déplaça en novembre suivant sur le terrain de La Reghaïa (Algérie). Parrainée par la 8e Escadre de Chasse, l'EALA 13/72 participa aux opérations jusqu'à sa dissolution, en juillet 1960.

North American T-6G2 Texan (s/n 51-14989) de l'EALA 13/72. Bir Rabalou (Algérie), 1959.

Installation d'une bombe de 500 livres sous l'aile d'un F8F-1B Bearcat du GC 1/8 « Saintonge » à Bach Maï (Indochine). Sous la lettre individuelle peinte sur le capot se trouve l'insigne composite du groupe rassemblant les deux escadrilles du « Saintonge » (3C1 et 4C1).
*(ECPAD)*

Alignement de SNCASE 535 Mistral de l'EC 1/8 « Maghreb » à Rabat-Salé (Maroc). Sur les « Mistraux », quelle que soit l'unité, l'insigne d'unité était très souvent peint uniquement sur la trappe frontale du train avant.
*(DR. Coll. A. Crosnier)*

Vol en échelon refusé de Republic F-84F-51GK Thunderstreak de l'EC 1/9 « Limousin » au début des années 1960. Lorsque la dotation en F-84F du 1/9 dépassa 24 appareils, ces Thunderstreak reçurent un code spécifique (9-Ax). La décoration des gouvernails est rouge sur fond jaune et l'avion à l'arrière-plan porte un code en 9-Cx. *(ECPAD)*

# 9e Escadre de Chasse

C'est en 1939 que naquit la première escadre de chasse portant le numéro neuf. Elle comprenait alors les groupes de chasse (GC) I/9 et II/9 qui furent dissous respectivement en 1940 et en 1942.

Au début des années 1950, afin de participer aux opérations en Indochine, ces deux groupes reprirent du service. Le GC I/9, rebaptisé Groupe de Marche (GM) I/9 « Limousin » s'installa à Haïphong en décembre 1950 et reçut dans un premier temps des Bell P-63C Kingcobra, remplacés par la suite par des Grumman F8F-1B Bearcat. Le GM II/9 « Auvergne » débarqua quant à lui à Saïgon au début du mois de mai 1951 et fut doté de Grumman F6F-5 Hellcat.

Le GM I/9 « Limousin » quitta l'Indochine en mai 1952 et fut dissous en novembre de la même année en Afrique du Nord. Le GM II/9 « Auvergne » resta en Extrême-Orient où il fut rebaptisé GC II/21 « Auvergne » en octobre 1953.

En avril 1954, une nouvelle 9e Escadre de Chasse fut créée, rattachée au 1er CATac et basée à Lahr-Husgweier, en Allemagne. Elle était d'abord composée de l'EC 1/9 « Limousin », qui fut rejoint par l'EC 2/9 « Auvergne » à l'automne de la même année. Ces deux escadrons étaient équipés de Republic F-84E et G Thunderjet. Il existait également au sein de l'escadre un escadron équipé de T-33A destiné à l'entraînement au VSV (vol sans visibilité), ainsi que de deux Siebel NC 701.

En mai 1956, la 9e Escadre de Chasse déménagea à Metz-Frescaty et commença à percevoir des Republic F-84F Thunderstreak. Afin de soutenir l'Armée de l'Air en Algérie, la « Neuf » parraina de 1956 à 1959 l'EALA 12/72 stationné à Bône et l'EALA 6/70 basée à Tébessa. Cette dernière devint, à partir de juillet 1957, l'EALA 7/72.

Ces deux escadrilles, équipées de T-6G, fusionnèrent en 1959 pour former l'escadron EALA 3/9 « Numidie » basé à Bône et qui reçut des T-28 Fennec. Le « Numidie » fut dissous en septembre 1962.

La 9e Escadre de Chasse fut définitivement dissoute en juillet 1965 sur la base de Metz.

Republic (General Motors) F-84F-46-GK Thunderstreak (s/n 52-8875) de l'EC 2/9 « Auvergne ». À la différence de celui visible à gauche de la photo, cet appareil ne porte aucun insigne sur sa dérive tandis que ses saumons d'ailes ne sont pas peints en jaune. *(Coll. E. Moreau)*

## Groupe de Marche I/9 « Limousin » (décembre 1950-novembre 1952), puis
## Escadron de Chasse 1/9 « Limousin » (avril 1954-juillet 1965)

*1re Escadrille: GC 1/9 (1). 2e Escadrille: GC I/9 (2)*
*Codes et avions: 9-Wx (F-84E/F-84G et F-84F). 9-Ax (de juillet 1956 à juillet 1965)*

Bell P-63C-5-BE Kingcobra, (s/n 44101) du GM 1/9 « Limousin ». La Réghaïa (Algérie), 1946. La première version de l'insigne du GC I/9(1), l'aigle aux ailes non déployées, est portée sur la portière gauche.

Grumman F8F-1B Bearcat (BuNo 5172) du GM 1/9 « Limousin ». Appareil du commandant du groupe. Cat Bi (Indochine), 1951.

Republic F-84E-20-RE Thunderjet (s/n 50-1815) de l'EC 1/9 « Limousin ». Lahr (Allemagne), fin 1954.

Republic F-84E-20-RE Thunderjet (s/n 51-10885) de l'EC 1/9 « Limousin ». L'empennage peint en rouge, marque des appareils de l'USAF utilisés dans les régions polaires, a été conservé sur cet appareil.

Republic F-84F Thunderstreak (s/n 52-9037) de l'EC 1/9 « Limousin ». Metz-Frescaty, 1964.

Republic F-84F Thunderstreak (s/n 52-9068) de l'EC 1/9 « Limousin ». Metz-Frescaty, 1964. Les insignes d'escadrilles sont portés sur la dérive : « Vautour noir » à gauche, et « Fennec » à droite.

Alignement des Republic F-84G Thunderjet de l'EC 1/9 « Limousin » à Metz en 1956. *(Lt Jean Daniellou).*

## Groupe de Marche II/9 « Auvergne » (novembre 1950-octobre 1953), puis Escadron de Chasse 2/9 « Auvergne » (novembre 1954-juillet 1965)

*1^re^ Escadrille: SPA 85. 2^e^ Escadrille: GC 2/9(2).*
*Codes et avions: 9-Xx (F-84E/F-84G). 9-Bx et 9-Cx (d'avril 1956 à juillet 1965)*

Grumman F6F-5 Hellcat (BuNo 79560) du GM II/9 « Auvergne ». Tan Son Hut (Indochine), 1951. L'insigne de la SPA 85 est placé sous le cockpit.

Grumman F8F-1B Bearcat n° 890 du GM II/9 « Auvergne ». Tan Son Hut (Indochine), 1953.

Republic F-84F-46-GK Thunderstreak (s/n 52-8924) de l'EC 2/9 « Auvergne ». *(Coll. E. Moreau)*

Décollage avec fusées JATO du F-84F-51GK (s/n 52-9021) de l'EC 1/9 « Limousin » en 1958 pendant un exercice « Rebecca » (simulation d'attaque surprise). *(ECPAD)*

Republic F-84G-20-RE Thunderjet (s/n 50-1823) de l'EC 2/9 « Auvergne ». Lahr (Allemagne), 1955. Les insignes d'escadrilles ne sont pas portés sur les F-84G du 2/9.

Republic F-84G-20-RE Thunderjet (s/n 50-1822) de l'EC 2/9 « Auvergne ». Lahr (Allemagne) 1955. À cette époque, le code est passé de 9-Xx à 9-Nx. Cet avion ne porte aucun insigne.

Republic (General Motors) F-84F-51-GK Thunderstreak (s/n 52-9090) de l'EC 2/9 « Auvergne » photographié sur la base de Metz en 1957. *(Lt Jean Daniellou)*

Republic F-84F-51-GK Thunderstreak (s/n 52-9014) de l'EC 2/9 « Auvergne ». Metz-Frescaty, 1957.

Republic F-84F-51-GK Thunderstreak (s/n 52-9103) de l'EC 2/9 « Auvergne ». Metz-Frescaty, 1957. Insignes de dérive : SPA 85 (« La Folie ») à gauche et 4e escadrille du GC 2/9 (« Morietur ») à droite.

Republic F-84G-2-RE Thunderjet (s/n 51-9660) de l'EC 1/9 « Limousin ». L'avion ne porte aucun d'insigne d'unité mais les réservoirs des extrémités d'ailes sont rouges ornés d'une flèche stylisée jaune. *(Coll. E. Moreau).*

## Section de Liaison de la 9e Escadre

Lockheed T-33A-1-LO (s/n 55-3106) de la Section de Liaison de la 9e Escadre de Chasse. Metz-Frescaty, années soixante.

Morane Saulnier MS 460 Paris n° 44 de la Section de Liaison de la 9e Escadre de Chasse. Metz-Frescaty, de mars 1960 à juillet 1962.

Max Holste MH-1521 Broussard n° 190 de la Section de Liaison de la 9e Escadre de Chasse. Metz-Frescaty, 1963.

L'impressionnante panoplie de charges pouvant être emportées par un Thunderstreak (F-84F-46-GK s/n 52-8902) de l'« Auvergne ». Devant la roue avant les fusées JATO sur leur berceau. *(DR)*

Patrouille de T-6G de l'EALA 7/72 au-dessus de l'Algérie en 1958. *(Lt Jean Daniellou)*

## Escadrilles rattachées à la 9e Escadre en Algérie

Insigne de la 1re escadrille de l'EALA 7/72

### EALA 6/70

L'escadrille EALA 6/70 fut créée en mars 1956 et fut parrainée par la 9e Escadre à partir de mai 1957. Basée à Tébessa (Algérie), elle fut dissoute en juin 1957 pour devenir l'EALA 12/72 en juillet suivant.

North American T-6G Texan (s/n 50-1294) de l'EALA 6/70. Oued Hamimim (Algérie), 1956.

### EALA 7/72

Créée en juillet 1957, l'EALA 7/72 fut parrainée par la 9e Escadre de Chasse de juillet 1957 à décembre 1959. Elle était basée à Tébessa (Algérie) jusqu'en décembre 1959.

North American T-6G2 Texan (s/n 51-14613) de l'EALA 7/72. Tébessa (Algérie), 1958. Cet avion porte l'insigne de la 9e Escadre de Chasse sur sa dérive.

## EALA 3/9 « Numidie »

L'escadron EALA 3/9, basé à Bône-les-Salines (Algérie) fut parrainé par la 9e Escadre de Chasse à partir de décembre 1957. En juin 1960, il fut intégré à l'EALA 3/9 et officiellement baptisé « Numidie » à la suite de la fusion des EALA 7/72 et 12/72. Rééquipé de T-28 Fennec, le 3/9 sera d'abord basé à Télergma, puis à Bône-les-Salines avant d'être dissous en juillet 1962.

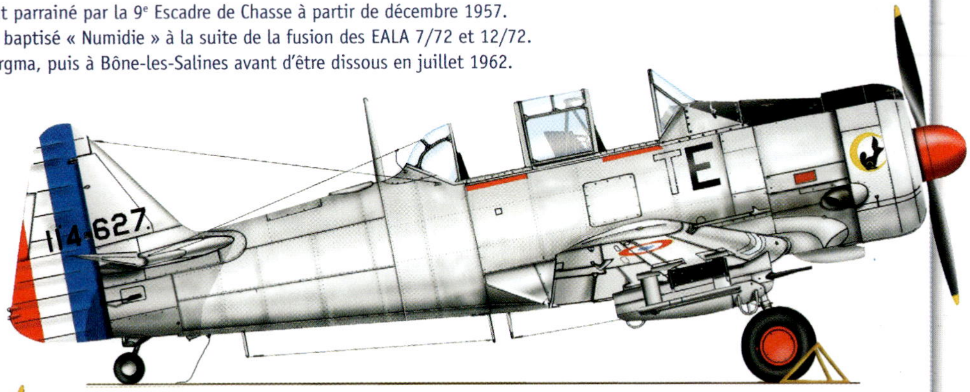


North American T-6G2 (s/n 51-14627) de l'EALA 7/72. Tébessa (Algérie), 1958.

North American T-6G2 (s/n 51-14734) de l'EALA 3/9 « Numidie », Télergma (Algérie), 1960. Cet avion porte l'insigne de l'EALA 7/72 qui deviendra ensuite la 1re escadrille de l'escadron 3/9 « Numidie » en 1960.

Insigne de la 2e escadrille de l'EALA 7/72

North American/Sud Aviation T-28D Fennec n° 11 de l'EALA 3/9 « Numidie ». Blida (Algérie), 1962. L'insigne de la 2e escadrille du « Numidie » est porté sur le côté droit du fuselage.

North American T-6G Texan (s/n 51-14485) de l'EALA 7/72 à Tébessa en 1958. Cet appareil était en fait un ancien AT-6 transformé en T-6G par NAA. On notera la présence de l'éclair noir sur le fuselage et du code peint sous le pare-brise. *(Lt Jean Daniellou)*

# 10e Escadre de Chasse

Dassault Super Mystère B2 n°121 de l'EC 1/10 « Valois » armé de deux missiles AIM-9 Sidewinder.
*(SHD Air)*

Les Centres d'Entraînement des Réservistes (CERAA) de Villacoublay et de Rabat-Salé (Maroc) fusionnèrent en avril 1951 pour créer la 10e Escadre de Chasse. Celle-ci était à l'époque composée de trois escadrons, les EC 1/10, 2/10 et 3/10, tous équipés de MS 472 Vaneau et de P-47D Thunderbolt. Cette structure ne dura que peu de temps car, dès novembre 1951, l'EC 3/10 redevint le CERAA de Rabat-Salé et quitta donc la 10e Escadre.

Dans le même temps, l'EEC (Escadron d'Entraînement et de Calibration) 3/10 était créé à Dijon. Les premiers chasseurs à réaction De Havilland Vampire arrivèrent en 1952 afin de permettre aux pilotes réservistes de maintenir leur capacité opérationnelle, la transformation sur ces chasseurs à réaction s'effectuant à Mont-de-Marsan en novembre 1952.

En 1953, la « Dix » se composait de trois escadrons : les EC 1/10 et 2/10 et l'EEC 3/10. En mai 1954 ce dernier, basé à Dijon, fut rebaptisé EC 3/17 et quitta la 10e Escadre avant d'être dissous à la fin de la même année.

En juin 1954, l'escadre quitta Villacoublay pour s'installer à Creil, ce qui entraîna la dissolution provisoire des EC 1/10 et 2/10. C'est à Creil que fut créé l'EEC 2/17, équipé de Vampire et qui fut rattaché à la 10e Escadre la même année.

Le 1er décembre 1954, les escadrons EC 1/10 (qui reprit les traditions de la SPA 99 « Parisis ») et EC 2/10 (SPA 76 « Seine ») furent réactivés, ce dernier devenant un escadron autonome à la fin de l'année suivante.

L'EEC 2/17 comprenait un effectif complet de Vampire sur lesquels les pilotes de l'escadre pouvaient voler

Alignement de Mirage IIIC de l'EC 2/10 « Seine » à Creil en 1972. Comme ses voisins, l'appareil au premier plan (n° 70) ne porte pas d'insigne sur sa dérive mais a conservé la trace de son ancienne affectation à l'EC 2/13 sur son fuselage, tandis qu'il est équipé d'un bidon au camouflage « désert ».
*(G. Paloque)*

en attendant que l'EC 1/10 soit totalement équipé de cet appareil, ce qui fut fait en juin 1955. Avec l'arrivée des Mystère IIC à l'EC 1/10, en juillet 1955, l'ensemble des Vampire passèrent à l'EEC 2/17 qui fut définitivement intégré à la 10e Escadre de Chasse en juillet 1956 et rebaptisé à cette occasion EC 3/10 « Aunis », puis EC 3/10 « Valois ». En novembre 1955, tous les Vampire avaient été retirés du service à l'EC 1/10.

En août 1956, la 10e Escadre de Chasse se composait de trois escadrons, les EC 1/10 « Parisis », 2/10 « Seine » et 3/10 « Valois ». Les Mystère IIC connurent de nombreux problèmes techniques et furent même interdits de vol en novembre 1957. Ils furent remplacés par des Mystère IVA, l'EC 2/10 effectuant rapidement sa transformation au sein de la 12e Escadre de Chasse car les deux chasseurs étaient en fait très proches. Par la suite, les EC 1/10 et 3/10 furent également rapidement transformés sur Mystère IVA.

Lorsque l'EC 1/10 « Parisis » fut dissous, le 1er février 1958, il fut remplacé par l'EC 3/10 qui fut redésigné EC 1/10 « Valois ». Une grande partie de cet escadron fut détachée en Algérie dans le cadre du parrainage des EALA par la 10e Escadre qui débuta en janvier 1957. La « Dix » parraina ainsi les escadrilles EALA 3/72 et 6/72, ainsi que l'escadron EALA 3/10 équipé de T-6 puis de T-28. L'EALA 3/10 fut dissous le 30 septembre 1961.

La transformation du personnel de l'EC 1/10 sur Super Mystère B2 ayant commencé en janvier 1958 à Mont-de-Marsan, le premier SMB2 arriva au « Valois » le 28 mai. L'EC 2/10 « Seine » reçut ses nouveaux jets à la fin de la même année et abandonna définitivement ses derniers Mystère IVA en janvier 1959.

En octobre 1961, la 10e Escadre de Chasse devint la 10e Escadre de Chasse Mixte, composée de trois escadrons : EC 1/10 « Valois », EC 2/10 « Seine » — tous deux équipés de SMB2 — et EC 1/30 « Loire » sur Vautour IIN. En mars 1965 le « Loire » fut dissous et ses Vautour transférés à la 30e Escadre.

Les premiers Mirage IIIC firent leur apparition à la « Dix » à la fin de 1968, le 2/10 « Seine » effectuant son premier vol sur le chasseur delta le 12 décembre. Le 20 octobre 1969 le premier SMB2 camouflé arriva à l'EC 1/10, cet escadron commençant à son tour sa transformation sur Mirage IIIC en juin 1974 et effectuant son ultime vol sur SMB2 le 26 juillet.

En août 1974, la 10e Escadre de Chasse était entièrement équipée de Mirage IIIC, des chasseurs qui commencèrent à recevoir le nouveau camouflage bleu dit « de supériorité aérienne » (identique à celui des Mirage FI de l'époque) le 27 février 1975.

Un troisième escadron, l'EC 3/10 « Vexin » (baptisé « les Mousquetaires »), fut créé le 1er septembre 1978 afin de remplacer les F-100 Super Sabre basé à Djibouti. Le premier convoyage de Mirage IIIC vers la Corne de l'Afrique se déroula fin novembre 1978, suivi d'un second à la mi-décembre de la même année. L'EC 3/10 « Vexin » fut dissous en août 1988.

La transformation sur Mirage F1C de l'EC 1/10 « Valois » débuta en février 1981 et dès le mois de juin suivant, tous les Mirage IIIC furent regroupés à l'EC 2/10 « Seine ». Ce dernier fut dissous en mai 1985, mais les traditions du Cercle de Chasse de Paris furent mises en sommeil.

Avec la dissolution programmée de la 10e Escadre de Chasse, l'EC 1/10 rejoignit la base de Reims et continua sa carrière sur Mirage F1C en devenant l'EC 1/30 « Valois ».

Les Mirage IIIC de l'EC 3/10 « Vexin » à Djibouti en 1988 (au premier plan, le n° 82). Les différences entre les teintes des camouflages sont évidentes ! *(G. Paloque)*

## Escadron de Chasse 1/10

**(avril 1951-juin 1954)**

*Insigne: Cercle de chasse de Paris*

*Codes: les avions des EC 1/10, 2/10 et 3/10 ne portent pas de codes mais seulement l'insigne de l'unité.*

## Escadron de Chasse 2/10

**(avril 1951-juin 1954)**

*Insigne: SPA 76*

## *Escadron de Chasse 3/10*

**(avril-novembre 1951)**

*Insigne: ERC 573*

Morane Saulnier MS 472 Vanneau II n° 21 du Centre d'Entraînement des Réserves Actives de l'Armée de l'Air (CERAA). Rabat-Salé (Maroc), 1951. Les insignes ne sont pas portés sur les MS 472.

Republic P-47D-30-RA Thunderbolt (s/n 44-33647) de l'EC 3/10 du CERAA de Rabat-Salé (Maroc), 1951. Les P-47D portent l'insigne de l'ERC 573 à gauche et à droite.

Republic P-47D-28-RE Thunderbolt (s/n 44-20027) de l'EC 2/10 du CERAA. Villacoublay, 1951. L'insigne du Cercle de Chasse de Paris est porté des deux côtés du fuselage.

## Escadron d'Entraînement et de Calibration 3/10

**(novembre 1951- juin 1954)**

*1re Escadrille: ERC 3/561. 2e Escadrille: 4/561*

*Codes et avions: 10-Sx (P-47D)*

Republic P-47D-30-RE Thunderbolt (s/n 44-20706) de l'Escadron Mixte de Calibration et d'Entraînement (EMCE) 3/10. Dijon, 1953.

De Havilland Vampire FB.51 (numéro incertain) de l'Escadron d'Entraînement et de Calibration (EEC) 2/17 « Valois ». Creil, octobre 1954.

De Havilland Vampire FB.5 de l'Escadron d'Entraînement et de Calibration (EEC) 2/17 « Valois ». Creil, janvier 1956.

## Escadron de Chasse 1/10 « Parisis » (décembre 1954-février 1958)

*1re Escadrille: SPA 99. 2e Escadrille: SPA 99(2)*
*Codes et avions: 10-Lx (Vampire, Mystère IIC)*

De Havilland DH 100 Vampire FB.5 de l'EC 1/10 « Parisis ». Creil, 1955. Les insignes d'escadrille ne sont pas portés sur les Vampire du « Parisis ».

Dassault Mystère IIC n° 24 de l'EC 1/10 « Parisis ». Creil, 1957. Les insignes sont portés sur la dérive, cheval noir à gauche et cheval blanc à droite.

P-47D Thunderbolt du CERAA de Rabat-Salé à la fin des années 1950. *(DR. Coll. G. Paloque)*

## Escadron de Chasse 3/10 « Valois » (juillet 1956-février 1958), puis Escadron de Chasse 1/10 « Valois » (février 1958-avril 1985)

*1re Escadrille: SPA 84. 2e Escadrille: SPA 93*

*Codes et avions: 10-Sx (Mystère IIC, SMB2, Mirage IIIC et Mirage F1)*

Dassault Mystère IIC n° 89 de l'EC 1/10 « Valois ». Creil, 1956. Les insignes d'escadrille sont portés sur la dérive: SPA 93 (canard) à gauche et SPA 84 (renard) à droite.

Dassault Super Mystère B2 n°98 de l'EC 1/10 « Valois ». Creil, 1959.

Mirage F1C n° 64 de l'EC 1/10 « Valois ». *(E. Moreau)*

Dassault Super Mystère B2 n°79 de l'EC 1/10 « Valois ». Creil, 1959. Les insignes sont portés sur la dérive : SPA 93 (canard col-vert) à gauche et SPA 84 (tête de renard rouge) à droite.

Dassault Super Mystère B2 n°95 de l'EC 1/10 « Valois ». Creil, début 1972.

Dassault Super Mystère B2 n°83 de l'EC 1/10 « Valois ». Creil, 1972.

Dassault Super Mystère B2 n°77 de l'EC 2/10 « Seine » en 1967. L'éclair sur le fuselage est rouge liseré de noir. *(DR)*

Dassault Mirage IIIC
n° 78 de l'EC 1/10
« Valois ». Creil, 1978.

Dassault Mirage IIIC
n° 85 de l'EC 1/10
« Valois ». Creil, 1981.

Dassault Mirage F1C-200, n° 253 de l'EC 1/10 « Valois ». Creil, avril 1981. Hormis une (brève) exception sur le n° 27 en septembre 1981, l'insigne de la SPA 84 (tête de renard) est peint en blanc sur le côté droit des dérives des Mirage F1C. On notera en outre le bandeau fleurdelisé au sommet de la dérive de cet appareil.

Mirage IIIC n° 41 de l'EC 2/10 « Seine ». Aucun insigne n'est porté sur la dérive de cet avion vu à la fin de sa carrière, au début des années quatre-vingt. *(Coll. E. Moreau)*

## Escadron de Chasse 2/10 « Seine »
## (décembre 1954-mai 1985)

*Insigne unique: Cercle de chasse de Paris*
*Codes et avions: 10-Rx (Mystère IIC, Mystère IVA, SMB2)*

Dassault Mystère IIC n° 56 de l'EC 2/10 « Seine ». Creil, 1957. L'insigne du Cercle de Chasse de Paris est porté des deux côtés de la dérive.

Dassault Mystère IVA n° 47 de l'EC 2/10 « Seine ». Creil, 1958. Ce « Romeo-Alpha » ne porte aucun insigne d'escadrille.

Dassault Super Mystère B2 n° 94 de l'EC 2/10 « Seine ». Creil, 1958. Sur cet appareil, l'éclair rouge est liseré de jaune et l'insigne (« Cercle de chasse de Paris ») est porté des deux côtés de la dérive.

Dassault Mirage IIIC n° 25 de l'EC 2/10 « Seine ». Creil, janvier 1969 à juillet 1975.

Dassault Mirage IIIC n° 51 de l'EC 2/10 « Seine », Creil 1981. Cet appareil sera perdu le 5 novembre 1982.

# Escadron de Chasse 3/10 « Vexin »

## (septembre 1978-aout 1988)

***1re Escadrille: ERC 3/561. 2e Escadrille: ERC 4/561***

***Codes et avions: 10-Lx (Mirage IIIC)***

Dassault Mirage IIIC n° 27 de l'EC 3/10 « Vexin ». Djibouti, 1978. Les insignes sont portés sur la dérive: ERC 3/561 (1re escadrille, « mousquetaire bleu ») à gauche et ERC 4/561 (2e escadrille, « mousquetaire gris ») à droite.

Dassault Mirage IIIC n° 82 de l'EC 3/10 « Vexin ». Djibouti 1988. Le code, particulier au 3/10 « Vexin », sera porté à la fin de la carrière des Mirage IIIC à Djibouti.

Mirage IIIC n° 70 de l'EC 3/10 à la fin des années quatre-vingt. Le code du « Vexin » était tout à fait inhabituel car il comprenait le chiffre de l'escadron en plus de celui de l'escadre.
*(G. Paloque)*

## Section de Liaison de la 10e Escadre

SNCAC NC 701 Martinet n° 1019 de la Section de Liaison de la 10e Escadre de Chasse. Creil, décembre 1955 à janvier 1958.

Dassault MD 312 Flamant n° 181 de la Section de Liaison de la 10e Escadre de Chasse. Creil, 1977. L'insigne de la 10e Escadre est placé sur la dérive, sous le numéro de série.

Max Holste MH-1521 Broussard n° 142 de la Section de Liaison de la 10e Escadre de Chasse. Creil, 1977.

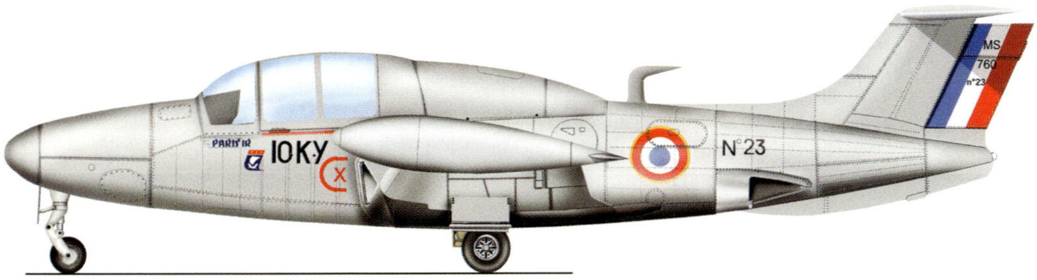


Morane Saulnier MS 760 Paris n° 23 de la Section de Liaison de la 10e Escadre de Chasse. Creil, mai 1965.

Fouga CM 170 Magister n° 166 de la Section de Liaison et d'Entraînement au Vol sans Visibilité de la 10e Escadre de Chasse. Creil, début des années quatre-vingt.

Lockheed T-33A-1-LO (s/n 17546) de la Section de Liaison et d'Entraînement au Vol sans Visibilité de la 10e Escadre de Chasse. Creil, 1979.

## Escadrilles rattachées à la 10e Escadre en Algérie

### *EALA 3/72*

L'escadrille EALA 3/72 fut créée en mars 1956 et parrainée par la 10e Escadre à partir de janvier 1957. Basée à Oujda, au Maroc, elle sera dissoute en novembre 1959 lors de son rattachement à l'EALA 3/10 de Batna.

North American T-6G Texan (s/n 50-1305) de l'EALA 3/72. Batna (Algérie), avril 1957 à juin 1958.

North American T-6G Texan (s/n 49-3080) de l'EALA 3/72 à Oujda (Maroc). L'insigne de l'escadrille (« La Biquette ») est porté des deux côtés du fuselage. *(ECPAD)*

## EALA 6/72

L'escadrille EALA 6/72 fut créée en juillet 1956 à La Réghaïa (Algérie) et était parrainée par la 10e Escadre. Elle sera elle aussi dissoute lors de son rattachement à l'EALA 3/10 stationné à Batna.

North American T-6G Texan (s/n 52-8201) de l'EALA 6/72. Batna (Algérie), 1958. L'insigne porté sur la dérive est celui de la 13e DBLE (Demi-Brigade de Légion Étrangère).

*« Le Ramel », insigne de l'EALA 6/72*

## EALA 3/10

L'escadron EALA 3/10 « Parisis » fut créé en décembre 1959 à la suite de la fusion de l'EALA 3/72 et de l'EALA 6/72. Basé à Batna, en Algérie, il abandonna ses Texan en 1960 au profit de T-28 Fennec. L'EALA 3/10 sera dissous en septembre 1962.

North American T-6G Texan (s/n 44-92958) de l'EALA 3/10. Les insignes des deux escadrilles sont peints sous la verrière. Batna, 1960.

*« La Biquette », insigne de l'EALA 3/72*

North American/Sud Aviation T-28 Fennec n° 50 de l'EALA 3/10. Batna, 1961. L'insigne de l'EALA 6/72 (« Le Ramel ») est porté sur le côté droit du fuselage

Alignement de T-6G Texan de l'EALA 3/72 à Oujda. Les appareils, encore peints en jaune, ne sont pas tous équipés de casserole d'hélice. *(ECPAD)*

# 11e Escadre de Chasse

North American F-100D-1-NA Super Sabre (s/n 54-2123) de l'EC 3/11 « Corse » à Tours en 1972.
*(Coll. E. Moreau)*

La 11e Escadre de Chasse fut constituée le 1er août 1952 sur la base aérienne de Reims. Elle était alors composée des escadrons EC 1/11 « Roussillon » et EC 2/11 « Vosges », tous deux équipés de Republic F-84G Thunderjet. La « Onze » quitta Reims à la fin du mois de novembre 1952 pour rejoindre Lahr, en Allemagne de l'Ouest, base où elle ne resta que quelques mois. En juin 1953, lors de son retour en France, à Luxeuil-St Sauveur, l'escadre fut renforcée d'un troisième escadron, l'EC 3/11 « Jura », équipé lui aussi de F-84G, chasseur qui commença à être remplacé en mai 1956 par des F-84F Thunderstreak.

Le besoin de personnel se faisant sentir pour le maintien de l'ordre en Algérie, la « Onze » commença à envoyer des détachements dans les unités engagées en AFN dès mai 1956 et en juin suivant elle parraina trois escadrilles opérant en Algérie, les EALA (Escadrilles d'Avions Légers d'Appui) 3/71 et 21/72 basées à Djelfa, ainsi que la 16/72 à Biskra. Toutes trois étaient équipées de North American T-6 qui furent utilisés jusqu'en 1962.

L'EC 3/11 « Jura » ayant été dissous en novembre 1957, la 11e Escadre commença sa transformation sur North American F-100 Super Sabre à partir de juillet 1958 et fut déclarée pleinement opérationnelle sur ce chasseur supersonique à la fin de l'année suivante.

SEPECAT Jaguar A n° 123 de l'EC 1/11 « Roussillon » au Tchad. L'ancien camouflage vert et gris a été préservé au niveau des inscriptions du gouvernail. L'insigne de la première escadrille (GC III/6 (5), le « masque de tragédie » parfois appelé « masque africain ») est porté sur le côté gauche de la dérive.
*(G. Paloque)*

Republic F-84G-16-RE Thunderjet (s/n 51-10762) de l'EC 2/11 « Vosges ». Aucun insigne n'est porté mais les bidons d'ailes sont jaunes rayés de rouge. *(Coll. E. Moreau)*

De juin 1961 à septembre 1967, la « Onze » retourna en Allemagne, sur la base de Bremgarten, ce qui entraîna un changement de sa mission principale grâce à l'obtention de la capacité nucléaire. Au début de 1963, l'EC 2/11 « Vosges » devint ainsi le premier « escadron nucléaire » de l'Armée de l'Air et prit l'alerte permanente « Strike » (assaut) au profit de la 4th ATAF (Allied Tactical Air Force) de l'OTAN.

En 1966, après le retrait de la France de l'OTAN, la 11e Escadre perdit cette mission « d'assaut nucléaire » puis récupéra tous les F-100D et F de l'Armée de l'Air lorsque la 3e Escadre (cf. p. 33) fut rééquipée de Mirage IIIE. Le 1er avril 1966, un troisième escadron fut créé, le 3/11 « Corse » (traditions des SPA 69 et SPA 88) et en septembre 1967, la « Onze » retourna en France, sur la base de Toul-Rosières (BA 136).

Basé dans la Corne de l'Afrique, à Djibouti, l'EAA (Escadron d'Avions d'Appui) 1/21 « Aurès-Némentcha », alors équipé de Douglas AD-4 Skyraider fut dissous et remplacé sur la même base par l'EC 4/11 « Jura », nouvellement créé, qui fut rattaché à la 11e Escadre en décembre 1972. Équipé de F-100 Super Sabre, cet escadron ne comprenait qu'une seule escadrille, la SPA 158. En novembre 1975, avec l'arrivée de F-100 supplémentaires, une seconde escadrille put être créée (SPA 161), si bien que la « Onze » était à l'époque forte de quatre escadrons de Super Sabre.

En février 1975 les premiers Jaguar arrivèrent à Toul et le 3/11 « Corse » débuta son changement de monture, suivi en octobre 1975 par l'EC 1/11 « Roussillon ». À cette époque, tous les F-100D/F basés à Toul-Rosières furent regroupés au sein de l'EC 2/11 « Vosges ». Ils continuèrent à voler jusqu'en juin 1977, date où ils furent définitivement remplacés par des Jaguar. À Djibouti, les derniers vols des F-100 de l'Armée de l'Air eurent lieu en décembre 1978.

L'EC 3/10 « Vexin » s'installa à Djibouti avec ses Mirage IIIC et le 31 décembre 1978, l'EC 4/11 « Jura » fut dissous. Il fut recréé le 1er janvier 1979 sur la base de Bordeaux-Mérignac et équipé de Jaguar A/E.

La 11e Escadre de Chasse participa à toutes les opérations extérieures en Afrique dans les pays ayant un accord de défense ou de coopération avec la France : opérations « Lamantin » en Mauritanie, « Tacaud », « Manta » et « Épervier » au Tchad. La « Onze » participa également, à la guerre du Golfe en 1991 puis, à partir d'août 1995, aux opérations dans les Balkans.

La restructuration de l'Armée de l'Air entraîna la dissolution de l'EC 4/11 en juin 1992 suivie, en juin 1994 par celle de l'EC 1/11 « Roussillon ». Une troisième escadrille (traditions du GC III/6(6) « Masque de comédie ») fut alors attribuée en juin 1994 à l'EC 2/11 « Vosges ».

La 11e Escadre de Chasse fut officiellement dissoute le 31 juillet 1994, ses deux escadrons subsistants (EC 2/11 et 3/11) devenant autonomes et étant chacun renforcés par une troisième escadrille.

L'EC 2/11 « Vosges » fut à son tour dissous le 31 juillet 1996, suivi, en juin 1997, par l'EC 3/11 « Corse ». Cependant, celui-ci fut réactivé le 3 novembre (3/11 !) 2008 à Djibouti en remplacement de l'EC 4/33 « Vexin », et équipé d'abord de Mirage 2000C puis de Mirage 2000D qui ont été retirés en juin 2016.

Détachement de F-84F Thunderstreak de l'EC 1/11 « Rousssillon » à Chypre lors de l'opération « Mousquetaire » (campagne de Suez), en 1956. *(ECPAD)*

## *Escadron de Chasse 1/11 « Roussillon »* (août 1952-juillet 1994). Escadron de Formation des Instructeurs Pilotes (EFIP) 1/11 « Roussillon » (depuis mai 2014)

*1re Escadrille: GC III/6 (5). 2e Escadrille: GC III/6 (6)*

*Codes et avions: x-11R (F-84G), 11-Rx (F-84G et F-84F). 11-Ex (F-84F, F-100D/F, Jaguar A/E). 315-x (TB-30 Epsilon)*

Republic F-84G-21-RE Thunderjet (s/n 51-10284) de l'EC 1/11 « Roussillon ». Lahr (Allemagne), 1953. Les insignes d'escadrilles ne sont pas portés.

Republic F-84G-21-RE Thunderjet (s/n 51-10893) de l'EC 1/11 « Roussillon ». Luxeuil-St Sauveur 1954. Les insignes sont portés sous la verrière: « Masque de tragédie » de la SPA 89 à gauche et « Masque de comédie » de la SPA 162 à droite.

Republic F-84F-41-GK Thunderstreak (s/n 52-8897) de l'EC 1/11 « Roussillon ». Luxeuil, 1956. Les insignes sont placés sur la dérive et le serial a été déplacé à l'arrière du fuselage.

Republic F-84F-41-GK Thunderstreak (s/n 52-8775) de l'EC 1/11 « Roussillon ». Luxeuil, 1957. Le drapeau de gouvernail a été remplacé par un drapeau de petite dimension peint en haut de la dérive.

Republic F-84F-41-GK Thunderstreak (s/n 52-9089) de l'EC 1/11 « Roussillon ». Luxeuil, 1957.

North American F-100D-15-NA Super Sabre (s/n 54-2264) de l'EC 1/11 « Roussillon ». Lahr, (Allemagne), 1965. Insignes de dérive : « Masque de tragédie » à gauche et « Masque de comédie » à droite.

North American F-100F-15-NA Super Sabre (s/n 56-4009) de l'EC 1/11 « Roussillon ». Toul-Rosières, 1968.

SEPECAT Jaguar A de l'EC 1/11 « Roussillon » sur la base de Nellis (Nevada) lors de l'exercice « Red Flag » en 1983. *(DR)*

North American F-100D-15-NA Super Sabre (s/n 54-2211) de l'EC 1/11 « Roussillon ». Toul-Rosières, 1975. L'appareil est recouvert du nouveau camouflage utilisé par les F-100D français, tandis qu'aucun insigne n'est porté.

SEPECAT Jaguar A n° 144 de l'EC 1/11 « Roussillon ». Toul-Rosières, 1970. Les insignes sont portés sur la dérive : SPA 89 à gauche et SPA 162 à droite.

SEPECAT Jaguar E n° 20 de l'EC 1/11 « Roussillon ». Toul-Rosières, 1978.

SEPECAT Jaguar A n° 104 de l'EC 1/11 « Roussillon ». Al Ahsa (Arabie Saoudite) pendant l'opération « Daguet » (guerre du Golfe) 1991. Cet « Echo-Kilo » arbore fièrement les marques des missions effectuées en Irak.

SEPECAT Jaguar A n° 157 de l'EC 1/11 « Roussillon ». Al Ahsa (Arabie Saoudite), 1991.

SEPECAT Jaguar A n° 102 de l'EC 1/11 « Roussillon » à Bangui (Centrafrique) en 1982. *(G. Paloque)*

SEPECAT Jaguar A n° 123 de l'EC 1/11 « Roussillon » au Tchad en 1985. *(G. Paloque)*

# Escadron de Chasse 2/11 « Vosges »

## (octobre 1952-juillet 1996)

*1re Escadrille: SPA 91. 2e Escadrille: SPA 97.*
*3e Escadrille: GC III/6 (6) (à partir de juin 1994)*
*Codes et avions: 11-Sx (F-84G et F-84F). 11-Mx (F-100D et F, Jaguar A et E)*

Republic F-84G-10-RE Thunderjet (s/n 51-1078) de l'EC 2/11 « Vosges ». Luxeuil 1953. Aucun insigne n'est porté.

Republic F-84F Thunderstreak, (s/n 52-8908) de l'EC 2/11 « Vosges ». Luxeuil, 1958. Insignes de la SPA 97 (fanion) à gauche et de la SPA 91 (masque ailé) à droite.

Republic F-84F-41-GK Thunderstreak (s/n 52-8780) de l'EC 2/11 « Vosges ». Luxeuil 1958. Aucun insigne n'est porté tandis que le gouvernail tricolore a été remplacé par un petit drapeau au sommet de la dérive.

North American F-100D-15-NA Super Sabre (s/n 54-2249) de l'EC 2/11 « Vosges ». Toul-Rosières, 1971. Les insignes sont placés sur la dérive: SPA 97 à gauche et SPA 91 à droite.

North American F-100D-35-NA Super Sabre (s/n 55-2736) de l'EC 2/11 « Vosges ». Toul-Rosières, 1974 à 1977.

North American F-100F-15-NA Super Sabre (s/n 56-3936) de l'EC 2/11 « Vosges ». Toul-Rosières, 1968.

North American F-100D-10-NA Super Sabre (s/n 54-2154) de l'EC 2/11 « Vosges ». *(Coll. E. Moreau)*

SEPECAT Jaguar A n° 104 de l'EC 2/11 « Vosges » portant l'insigne de la première escadrille (« Aigle en vol tenant une tête de mort » de la SPA 91) sur le côté droit de la dérive. *(DR)*

North American F-100F-15-NA Super Sabre (s/n 56-3937) de l'EC 2/11 « Vosges ». Toul-Rosières, 1975.

SEPECAT Jaguar A n° 101 de l'EC 2/11 « Vosges ». Détachement à Libreville (Gabon) en 1982.

SEPECAT Jaguar A n° 104 de l'EC 2/11 « Vosges ». Détachement à N'Djamena (Tchad), en 1980. Ce Jaguar porte un camouflage deux tons dit « vanille-chocolat ».

SEPECAT Jaguar A n° 104 de l'EC 2/11 « Vosges ». Détachement à Al Ahsa (Arabie Saoudite) pendant l'opération « Daguet », 1991. Le camouflage « désert » a été adapté à l'environnement, avec des nuances plus claires.

SEPECAT Jaguar A n° 54 de l'EC 2/11 « Vosges ». Toul-Rosières, 1991. Ce « 11-MN » porte sur la droite de sa dérive l'insigne de la 3e escadrille (SPA 162) du 2/11.

SEPECAT Jaguar E n° 4 de l'EC 2/11 « Vosges ». Toul-Rosières, 1978.

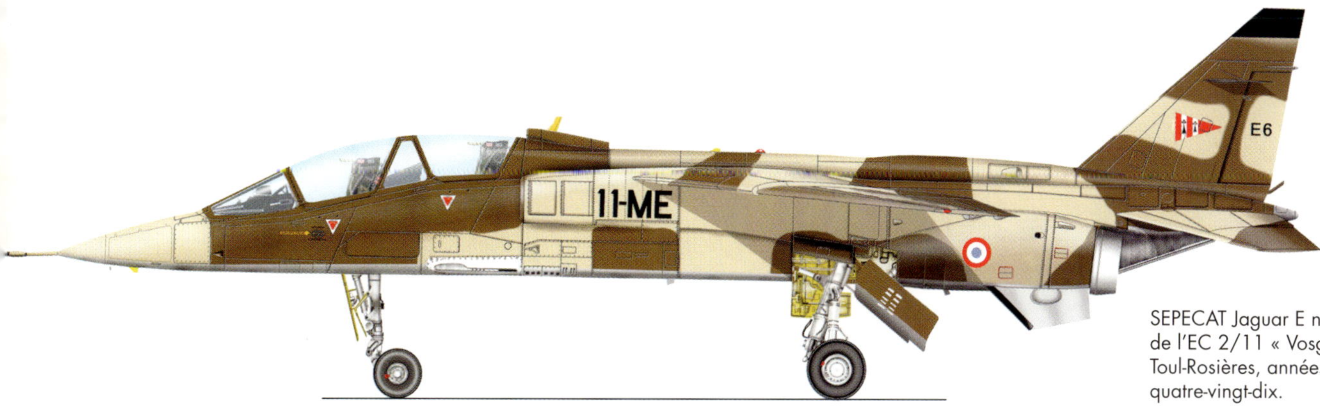


SEPECAT Jaguar E n° 6 de l'EC 2/11 « Vosges ». Toul-Rosières, années quatre-vingt-dix.

SEPECAT Jaguar A n° 103 de l'EC 2/11 « Vosges » Portant le deuxième modèle de camouflage composé de trois tons de beige.
*(G. Paloque)*

# Escadron de Chasse 3/11 « Jura »

## (juin 1953 à novembre 1957)

*1re Escadrille: SPA 158. 2e Escadrille: SPA 161*

*Codes et avions: 11-Tx (F-84G, F-84F)*

Republic F-84G-21-RE Thunderjet (s/n 51-10884) de l'EC 3/11 « Jura ». Luxeuil, 1955.

Republic F-84G-21-RE Thunderjet (s/n 52-3023) de l'EC 3/11 « Jura ». Luxeuil, 1955. La croix noire fut portée lors de l'exercice OTAN « Carte blanche »; elle est répétée sur l'extrados gauche de l'aile. Sur les Thunderjet, les insignes sont peints sous l'arrière de la verrière (SPA 161 à gauche et SPA 158 à droite).

Republic F-84F Thunderstreak de l'EC 3/11 « Jura ». Luxeuil, 1956.

North American F-100D-1-NA Super Sabre (s/n 54-2122) de l'EC 3/11 « Corse » au roulage à Toul-Rosières en 1970. *(DR)*

## Escadron de Chasse 3/11 « Corse »
### (avril 1966-juin 1997)

*1re Escadrille : SPA 88. 2e Escadrille : SPA 69.*
*3e Escadrille : GC III/6 (5) (juin 1994-juin 1997)*
*Codes et avions : 11-Rx (F-100D et F, Jaguar A et E).*

North American F-100D-15-NA Super Sabre (s/n 54-2293) de l'EC 3/11 « Corse ». Toul-Rosières, 1971. Le dessous du fuselage est recouvert d'une couche de peinture anticorrosion de teinte gris-bleu clair. Les insignes sont portés sur la dérive : SPA 88 à gauche et SPA 69 à droite.

North American F-100F-15-NA Super Sabre (s/n 56-3936) de l'EC 3/11 « Corse ». Toul-Rosières, de 1970 à 1974. Cet avion sera camouflé en janvier 1975.

SEPECAT Jaguar A n° 12 de l'EC 3/11 « Corse ». Toul-Rosières, 1975.

SEPECAT Jaguar A n° 88 de l'EC 3/11 « Corse ». Toul-Rosières, 1988.

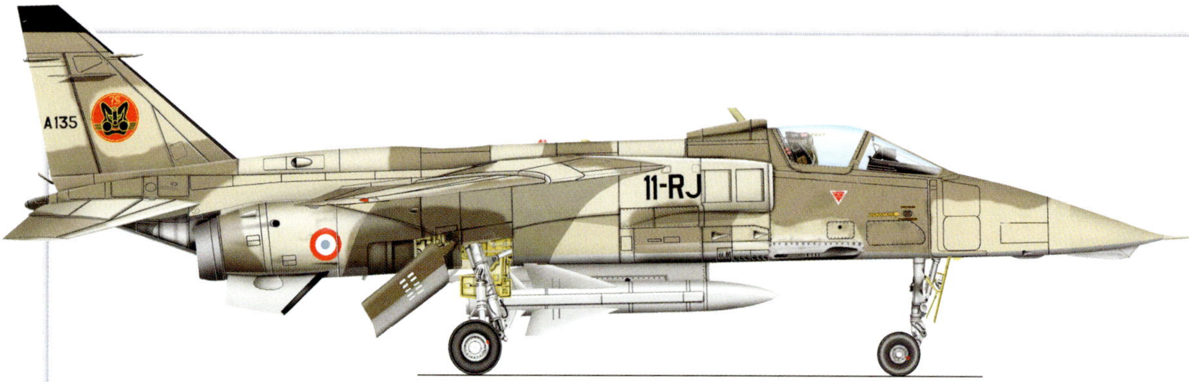


SEPECAT Jaguar A n° 135 de l'EC 3/11 « Corse ». Détachement à Al Ahsa (Arabie Saoudite) pendant l'opération « Daguet », 1991. Des tons beiges plus clairs ont été adoptés pour les Jaguar français utilisés pendant la guerre du Golfe

SEPECAT Jaguar E n° 24 de l'EC 3/11 « Corse ». Toul-Rosières, années quatre-vingt.

SEPECAT Jaguar E n° 20 de l'EC 3/11 « Corse ». Toul-Rosières, années quatre-vingt.

North American F-100D-5-NA Super Sabre (s/n 54-2150) de l'EC 1/11 « Roussillon ». *(Coll. E. Moreau)*

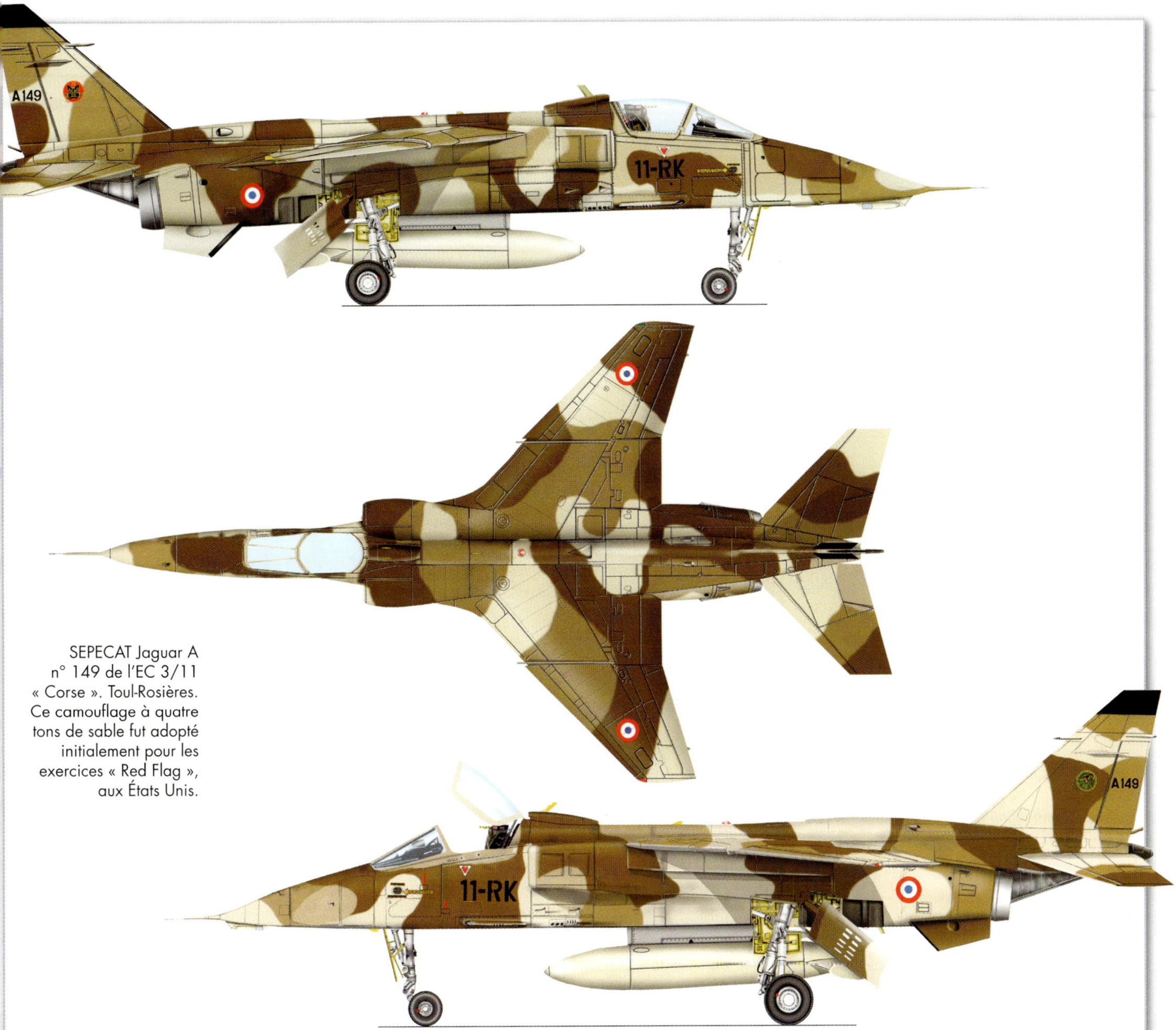


SEPECAT Jaguar A n° 149 de l'EC 3/11 « Corse ». Toul-Rosières. Ce camouflage à quatre tons de sable fut adopté initialement pour les exercices « Red Flag », aux États Unis.

SEPECAT Jaguar E n° 31 de l'EC 3/11 « Corse ». *(G. Paloque)*

## Escadron de Chasse 3/11 « Corse »

### (2008 à aujourd'hui)

*1re Escadrille: SPA 88. 2e Escadrille: SPA 69.*
*Codes et avions: 11-Lx. 188-x (Mirage 2000C et D)*

Dassault Mirage 2000C n° 81 de l'EC 3/11 « Corse ». Djibouti, 2008.

Dassault Mirage 2000D n° 655 de l'EC 3/11 « Corse ». Djibouti, novembre 2008. Cette décoration spéciale fut réalisée à l'occasion de la remise en service du « Corse ».

Mirage 2000C n° 45 de l'EC 3/11 « Corse » en vol au-dessus de Djibouti en 2013. *(USAF)*

## Escadron de Chasse 4/11 « Jura »

**(décembre 1972-juillet 1992)**

*1re Escadrille: SPA 158. 2e Escadrille: SPA 151 (à partir de novembre 1975).*
*Codes et avions: 11-Yx (F-100D et F, Jaguar A et E)*

North American F-100D-15-NA Super Sabre (s/n 54-2223) de l'EC 4/11 « Jura ». Djibouti, 1977.

North American F-100D-15-NA Super Sabre (s/n 54-2739) de l'EC 4/11 « Jura ». Djibouti, 1979.

North American F-100D-10-NA Super Sabre (s/n 54-2160) de l'EC 4/11 « Jura » à Djibouti en 1974.
*(Coll. E. Moreau)*

North American F-100F-15-NA Super Sabre (s/n 56-4017) de l'EC 4/11 « Jura ». Djibouti, 1979.

SEPECAT Jaguar A n° 141 de l'EC 4/11 « Jura ». Bordeaux-Mérignac, 1985.

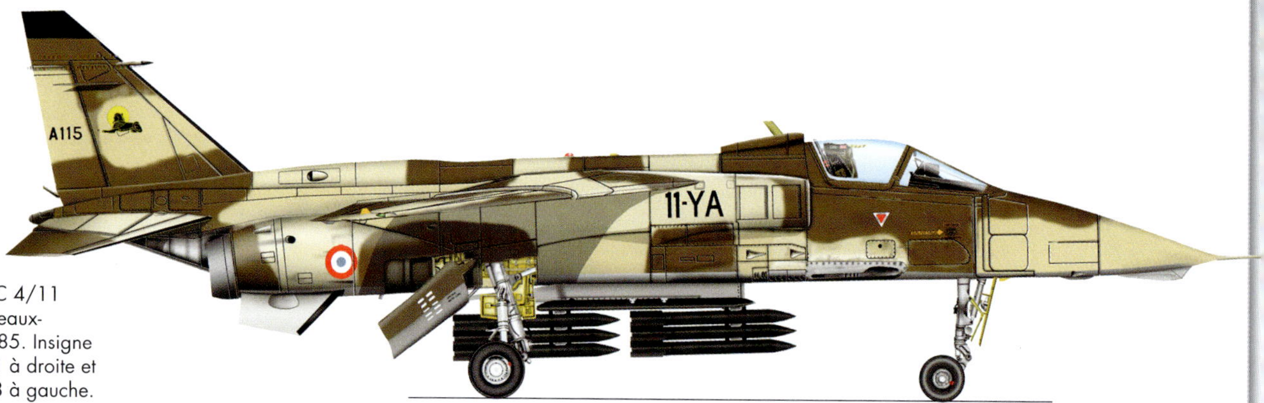


SEPECAT Jaguar A n° 115 de l'EC 4/11 « Jura ». Bordeaux-Mérignac, 1985. Insigne de la SPA 161 à droite et de la SPA 158 à gauche.

SEPECAT Jaguar E n° 32 de l'EC 4/11 « Jura ». Bordeaux-Mérignac, 1985.

SEPECAT Jaguar A n° 96 de l'EC 4/11 « Jura ». Bordeaux-Mérignac, juin 1992. Deux Jaguar reçurent une décoration spéciale à l'occasion de la dissolution du « Jura ». Sur celui-ci, l'insigne de la SPA 158 est porté des deux côtés de l'avant du fuselage peint en bleu.

SEPECAT Jaguar A n° 64 de l'EC 4/11 « Jura ». Bordeaux-Mérignac, juin 1992. Second appareil décoré pour la dissolution de l'EC 4/11 avec insigne de la SPA 161 des deux côtés de la pointe avant peinte en vert.

## Section de Liaison de la 11e Escadre

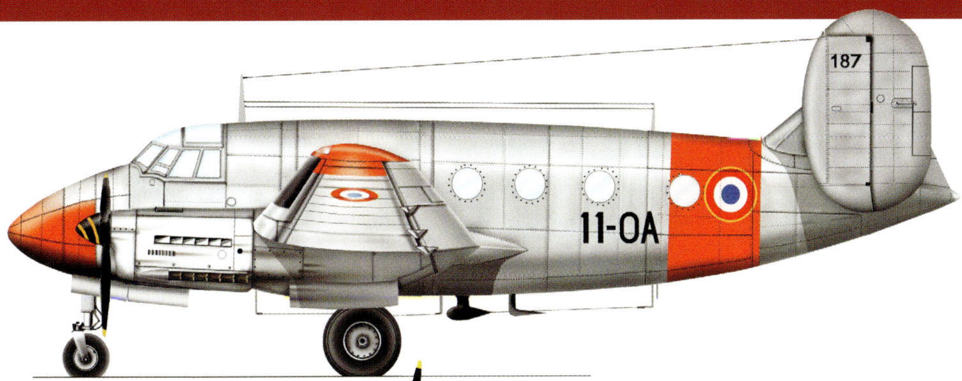


Dassault MD 312 Flamant n° 187 de la Section de Liaison de la 11e Escadre de Chasse. Toul-Rosières, 1973.

Max Holste MH-1521 Broussard n° 290 de la Section de Liaison de la 11e Escadre de Chasse. Toul-Rosières, 1970.

Lockheed T-33A-1-LO (s/n 51-8628) de la Section de Liaison de la 11e Escadre de Chasse. Toul-Rosières, juin 1972.

Fouga CM 170 Magister n° 70 de la Section de Liaison de la 11ᵉ Escadre de Chasse. Toul-Rosières, 1972.

Fouga CM 170 Magister n° 345 de la Section de Liaison de la 11ᵉ Escadre de Chasse. Ce Fouga était détaché à l'EC 4/11 « Jura ». Bordeaux-Mérignac, 1992.

## Escadrilles rattachées à la 11ᵉ Escadre en Algérie

SIPA S.12 n°28 de l'EALA 3/71. Djelfa (Algérie), 1956.

*Insigne de l'EALA 21/72*

### EALA 3/72 et EALA 21/72

L'escadrille EALA 3/71 fut créée en juin 1956 et parrainée par la 11ᵉ Escadre de Chasse. Elle était d'abord équipée de SIPA S.12, qui furent remplacés en juin 1957 par des T-6G. L'EALA 3/71 fut dissoute en juin 1957, pour devenir l'EALA 21/72. Celle-ci fut basée sur le terrain de Djelfa, puis à Orléansville, et participa aux opérations en Algérie jusqu'en août 1961. La 12/72 fut dissoute le 1ᵉʳ septembre 1961

North American T-6G Texan (s/n 51-15051) de l'EALA 21/72. Orléansville (Algérie), mai 1960 à septembre 1961.

North American T-6G Texan (s/n 51-15012) de l'EALA 21/72. Djelfa (Algérie), 1958. L'insigne de la Croix du Sud sera le premier insigne porté par les T-6 de l'EALA 21/72.

*Insigne de l'EALA 16/72*

North American T-6G Texan (s/n 51-14627) de l'EALA 16/72. Biskra (Algérie), 1959

## EALA 16/72

Créée en décembre 1956 et parrainée par la 11e Escadre de Chasse, l'EALA 16/72 s'installa à Biskra (Algérie) où elle resta jusqu'en août 1958. Cette escadrille passa ensuite sous le parrainage de la 33e Escadre de Reconnaissance.

North American T-6G2 Texan (s/n 51-5141), de l'EALA 16/72. Biskra (Algérie), 1959.

*SEPECAT Jaguar A n°117 de l'EC 2/11 « Vosges » à Dakar en 1985. (G. Paloque)*

# 12e Escadre de Chasse

MD 450 Ouragan de l'EC 1/12 « Cambrésis ». Ces quatre appareils portent la décoration à base de parements rouges spécialement attribuée aux avions de la « Douze » composant la Patrouille de France en 1955. La « guêpe » de la SPA 89 était conservée des deux côtés du fuselage. *(Coll. E. Moreau)*

Créée en mai 1952, la 12e Escadre de Chasse ne comprenait à l'origine qu'un escadron de MD 450 Ouragan, l'EC 1/12, qui avait effectué sa formation sur cet appareil à Mont-de-Marsan. En juillet 1953, l'Escadre s'installa sur la base de Cambrai-Epinoy et son escadron fut baptisé « Cambrésis ». En mai 1954, un deuxième escadron, l'EC 2/12 « Picardie », fut créé, suivi en décembre 1954 d'un troisième, l'EC 3/12 « Cornouaille », tous deux également équipés d'Ouragan.

À partir du 8 mai 1955, la 12e Escadre fut chargée de former la Patrouille de France, rôle qu'elle conserva jusqu'en 1956, lorsqu'elle fut remplacée par la 4e Escadre.

Lorsque le Mystère IVA remplaça les Ouragan, c'est l'EC 3/12 « Cornouaille » qui devint le premier escadron de l'Armée de l'Air à être équipé de ce nouveau chasseur, l'ensemble des pilotes de la « Douze » étant déclarés opérationnels sur Mystère IV en octobre 1955.

Les événements en Algérie entraînèrent quelques changements au sein de l'escadre qui parraina notamment sur place plusieurs escadrilles. L'EALA 5/72 fut ainsi créée en juillet 1956 à Colomb-Béchar, tandis que l'EALA 15/72, formée en novembre 1956 à Marrakech, au Maroc, ne resta sur cette base que pendant une courte période. La dissolution de l'EC 2/12 « Picardie » intervint en novembre 1957 et son personnel fut alors réparti entre les deux autres escadrons et les EALA.

Le 20 avril 1959, le Dassault Super Mystère B2 commença à équiper la 12e Escadre de Chasse. L'EC 1/12 « Cambrésis » fut le premier à se transformer sur cet

Mirage F1C n° 19 de l'EC 2/12 « Picardie ». L'insigne de la SPA 173 (« oiseau bleu »), peint sur un disque, est de petites dimensions. *(G. Paloque)*

Super Mystère B2 de l'EC 3/12 « Cornouaille » en formation avec deux Republic F-105D Thunderchief du 53rd TFS de l'USAF en 1964.
*(USAF)*

avion, suivi par l'EC 3/12, renommé pour l'occasion EC 2/12 « Cornouaille ». Quant aux deux EALA de la « Douze », elles furent regroupées en décembre 1959 afin de constituer l'escadron EALA 3/12 dont le parrainage par la 12e Escadre s'acheva en juillet 1961.

La même année, l'OTAN organisa un rassemblement de toutes les unités aériennes ayant pour emblème un tigre. Ainsi naquit le « NATO Tiger Meet », dont la première édition eut lieu le 19 juillet 1961 à Woodbridge, en Grande-Bretagne. L'Armée de l'Air y fut représentée par l'EC 1/12 « Cambrésis » dont la première escadrille portait la « tête de tigre » de la SPA 162. C'est d'ailleurs cet escadron qui accueillit le « Tiger Meet » en 1964, sur sa base de Cambrai-Epinoy.

Le 1er octobre 1976, les premiers Mirage F1C arrivèrent à la 12e Escadre, l'EC 2/12 « Cornouaille » étant le premier équipé et déclaré opérationnel sur ce type en janvier 1977.

En juin 1979, l'EC 2/12 « Cornouaille », repris son appellation originelle d'EC 3/12 « Cornouaille », si bien qu'en juin 1980, la « Douze » était à nouveau constituée de trois escadrons : l'EC 1/12 « Cambrésis », l'EC 2/12 « Picardie » (qui retrouvait ainsi l'escadre après vingt-trois ans d'absence) et l'EC 3/12 « Cornouaille ».

Les pilotes de la 12e EC commencèrent à se familiariser avec le ravitaillement en vol en 1983, ce qui lui permit, l'année suivante, de participer aux opérations en Afrique, principalement au Tchad (« Manta » et « Épervier »).

En 1991, au moment de la guerre du Golfe, des éléments de la 12e Escadre basés à Doha assurèrent la protection aérienne de l'émirat du Qatar lors de l'opération « Metiel ».

C'est également en 1991 que l'EC 1/12 débuta sa transformation sur Mirage 2000C RDI, le 2/12 « Picardie » effectuant son dernier vol sur Mirage F1C à la fin de 1992 et étant déclaré opérationnel sur Mirage 2000C RDI l'année suivante. Le 3/12 « Cornouaille » continua, lui, à voler sur Mirage F1C jusqu'à sa dissolution, en juin 1995.

1995 fut également l'année de la dissolution de la 12e Escadre de Chasse, ses escadrons (les EC 1/12 et 2/12) devenant autonomes. Une troisième escadrille (SPA 166) fut créée en août 1996 au sein de l'EC 1/12 « Cambrésis », escadron qui sera finalement dissous le 30 mars 2012.

En août 1996, l'EC 2/12 « Picardie » hérita d'une troisième escadrille (SPA 90) avant d'être à son tour dissous, en juillet 2009.

Il a été reconstitué en avril 2014 à Cognac sous la forme de l'EIV (Escadron d'Instruction en Vol) 2/12 « Picardie », équipé de TB 30 Epsilon, et a repris les traditions des SPA 173 et 172 ainsi que de l'EALA 9/72.

Dassault Mirage F1C n° 36 de l'EC 3/12 « Cornouaille » à Cambrai-Epinoy en mai 1986.
*(USAF)*

# Escadron de Chasse 1/12 « Cambrésis »

## (mai 1952-mars 2012)

***1**[re]* ***Escadrille: SPA 162. 2**[e]* ***Escadrille: SPA 89.***

***3**[e]* ***Escadrille: SPA 166 (à partir de septembre 1996)***

***Codes et avions: 12-Yx (Ouragan, Mystère IVA, Super Mystère B2, Mirage F1B, Mirage 2000C et B)***

Dassault Ouragan n° 384 de l'EC 1/12 « Cambrésis ». Cambrai-Epinoy, 1954. Les insignes sont portés à l'avant du fuselage: SPA 89 (guêpe) à gauche et SPA 162 (tête de tigre) à droite.

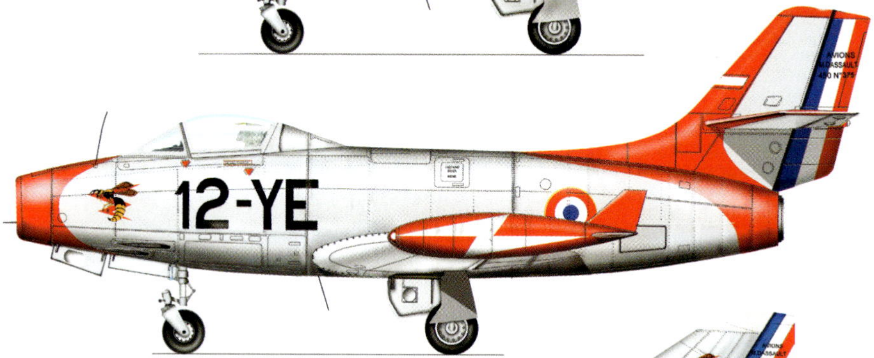


Dassault Ouragan n° 375 de l'EC 1/12 « Cambrésis ». Cambrai-Epinoy, 1955. Décoration portée par les Ouragan de la « Douze » affectés à la Patrouille de France.

Dassault Mystère IVA n° 57 de l'EC 1/12 « Cambrésis ». Cambrai-Epinoy, 1956. Les insignes sont peints sur la dérive: guêpe de la SPA 89 à gauche et tête de tigre de la SPA 162 à droite.

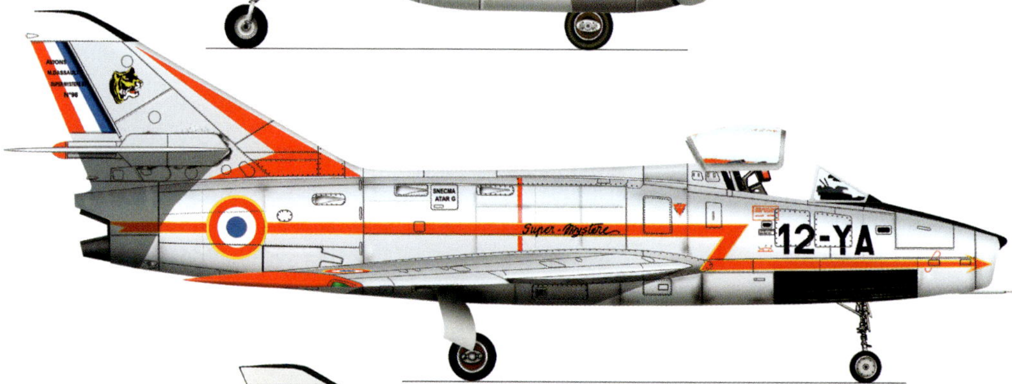


Dassault Super Mystère B2 n°98 de l'EC 1/12 « Cambrésis ». Cambrai-Epinoy, 1967. L'éclair rouge de l'insigne auparavant toujours porté sur la dérive a disparu.

Dassault Super Mystère B2 n°49 de l'EC 1/12 « Cambrésis ». Cambrai-Epinoy, fin des années soixante. Le code en « 12-Ux » était attribué aux SMB2 de l'EC 1/12 en surnombre.

Dassault Super Mystère B2 n°170 de l'EC 1/12 « Cambrésis ». Cambrai-Epinoy, 1972. Insignes SPA 89 à gauche et SPA 162 à droite. On notera la présence du drapeau de dérive et des cocardes de grand diamètre.

Dassault Super Mystère B2 n°156 de l'EC 1/12 « Cambrésis ». Cambrai-Epinoy, 1969. Le drapeau de gouvernail a disparu et les cocardes sont maintenant de petites dimensions tandis que le code est noir. L'insigne de la SPA 89 (guêpe) est peint à gauche, désormais sans l'éclair rouge.

*Insigne (SPA 162) porté à droite*

Dassault Mirage F1C n° 64 de l'EC 1/12 « Cambrésis ». Cambrai-Epinoy, 1978. Ce type de décoration (insigne de la SPA 89 à gauche et de la SPA 162 à droite) fut peint au début de la mise en service des F1C au 1/12.

Super Mystère B2 n°170 de l'EC 1/12 « Cambrésis » en 1967. Le côté gauche de la dérive arbore la guêpe de la SPA 89. *(DR)*

Dassault Mirage F1C n° 30 de l'EC 1/12 « Cambrésis ». Cambrai-Epinoy, 1986. Les insignes sont devenus plus discrets...

Dassault Mirage F1B n° 518 de l'EC 1/12 « Cambrésis ». Cambrai-Epinoy, 1990.

Dassault Mirage 2000C n° 100 de l'EC 1/12 « Cambrésis ». Cambrai-Epinoy, 2002. La bande tigrée « basse visibilité » au sommet de la dérive rappelle l'appartenance de cet escadron à la confrérie des « Tigres ».

Dassault Mirage F1C n° 16 de l'EC 1/12 « Cambrésis » spécialement décoré pour le Tiger Meet de 1991 qui eut lieu à Fairford, en Grande Bretagne. *(DR)*

Dassault Super Mystère B2 n°136 (12-YH, code non porté sur cet appareil) de l'EC 1/12 « Cambrésis ». Cambrai-Epinoy, Tiger Meet 1972. Cet appareil sera perdu le 17 juillet 1972.

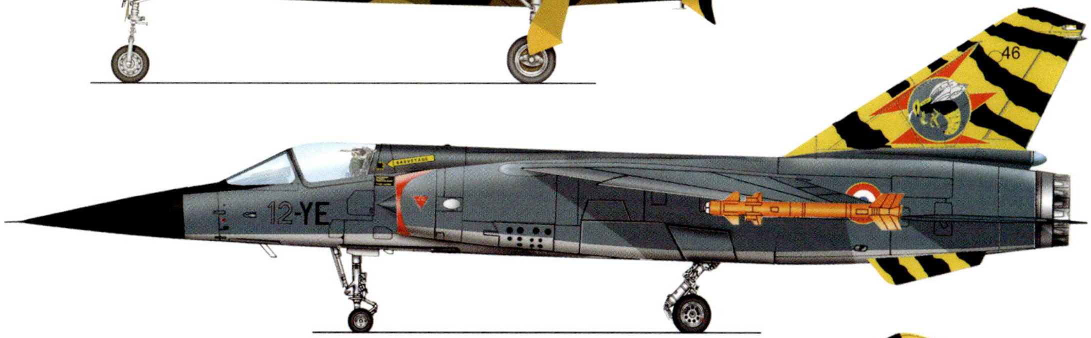


Dassault Mirage F1C n° 46 de l'EC 1/12 « Cambrésis ». Tiger Meet 1979.

## Les « Tigres » du « Cambrésis »

Dassault Mirage F1C n° 16 de l'EC 1/12 « Cambrésis ». Tiger Meet 1991.

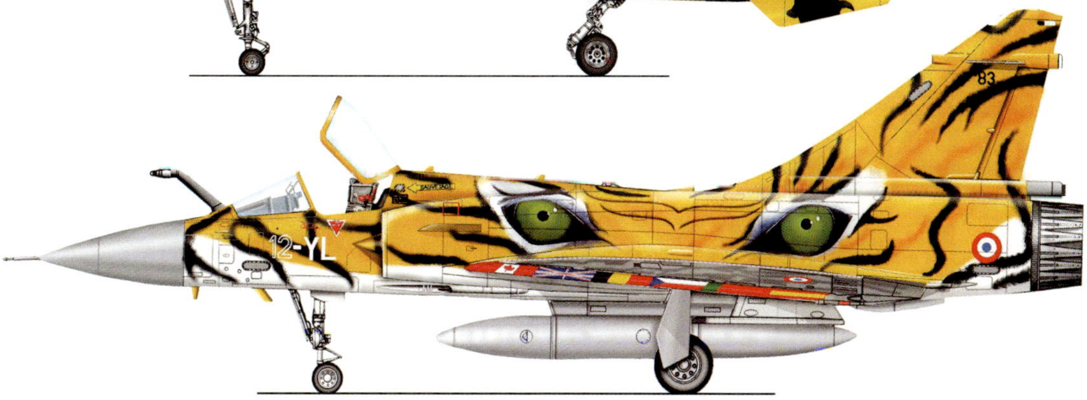


Dassault Mirage 2000C n° 83 de l'EC 1/12 « Cambrésis ». Tiger Meet 2003.

Super Mystère B2 n°156 de l'EC 1/12 peint en « tigre » à l'occasion du Tiger Meet qui se déroula sur la base anglaise de Greenham Common en juin 1977. *(DR)*

Dassault Mirage 2000C n° 94 de l'EC 1/12 « Cambrésis ». Cambrai-Epinoy, 1994. Les insignes sont de nouveau peints sur un éclair rouge (SPA 162 à droite et SPA 89 à gauche).

Dassault Mirage 2000B n° 530 de l'EC 1/12 « Cambrésis ». Cambrai-Epinoy, 1990. Ce « Yankee-Alpha » porte l'insigne de la SPA 166 (3e escadrille) du 1/12.

## Escadron de Chasse 2/12 « Picardie »

### (mai 1954-novembre 1957/juin 1980-juillet 2009)

***1re Escadrille: SPA 173. 2e Escadrille: SPA 172.***
***3e Escadrille: SPA 90 (à partir d'août 1996)***
***Codes et avions: De mai 1954 à 1957: 12-Zx (Ouragan, Mystère IVA).***
***De juin 1982 à juillet 2009: 12-Kx (Mirage F1C, Mirage 2000C et B)***

Dassault MD 450 Ouragan n° 424 de l'EC 2/12 « Picardie ». Cambrai-Epinoy, 1954. Les insignes sont portés sur la dérive: SPA 172 (perroquet rouge) à gauche et SPA 173 (oiseau bleu) à droite.

Dassault MD 450 Ouragan n° 420 de l'EC 2/12 « Picardie ». Cambrai-Epinoy, 1955. Cet appareil faisait partie de la patrouille acrobatique de la 12e Escadre de Chasse.

Dassault Mystère IVA n° 26 de l'EC 2/12 « Picardie ». Cambrai-Epinoy, 1957. L'oiseau bleu de la SPA 173 est porté sur le côté droit de la dérive.

Dassault Mystère IVA n° 73 de l'EC 2/12 « Picardie ». Cambrai-Epinoy, 1957.

Dassault Mirage F1C n° 67 de l'EC 2/12 « Picardie ». Cambrai-Epinoy, 1988. Les insignes de la SPA 173 (à gauche) et de la SPA 172 (à droite) sont désormais peints dans des disques de petit diamètre.

Super Mystère B2 n°85 de l'EC 1/12 « Cambrésis » à la fin de sa carrière. L'avion porte le camouflage définitif : terre foncée (Y/GAM 2025), gris vert foncé (Y/TTC 24102), vert olive (Y/TTC 24102) et gris clair (Y/TTC 6622).
*(SHD Air)*

SEPECAT Jaguar A n° 135 de l'EC 3/11 « Corse ». Détachement à Al Ahsa (Arabie Saoudite) pendant l'opération « Daguet », 1991. Des tons beiges plus clairs ont été adoptés pour les Jaguar français utilisés pendant la guerre du Golfe

Dassault Mirage 2000B n° 525 de l'EC 2/12 « Picardie ». Cambrai-Epinoy, 1975. Insignes de dérive : SPA 172 à gauche et SPA 173 à droite.

Dassault Mirage 2000C n° 77 de l'EC 2/12 « Picardie ». Cambrai-Epinoy, 1996.

Mirage 2000C n°119 de l'EC 2/12 « Picardie ». L'insigne de la SPA 173 (oiseau bleu) est de petites dimensions et n'est plus peint sur un disque. *(SDASM)*

Dassault Mirage 2000C n° 90 de l'EC 2/12 « Picardie ». Cambrai-Epinoy, 1996. L'insigne SPA 190 (3e escadrille du 2/12) est porté sur le côté gauche de la dérive.

Dassault Mirage 2000C n° 95 de l'EC 2/12 « Picardie ». Cambrai-Epinoy, 2009. L'inscription « ARMÉE DE L'AIR » est portée sur la dérive à partir de 2006. Dès 2009, le code 103, numéro de la base aérienne de Cambrai-Epinoy, remplace le numéro 12 de l'escadre. Sur cet avion, le blason de la province de Picardie est porté des deux côtés de la dérive.

Mirage F1C-200 n°243 de l'EC 2/12 « Picardie ». L'insigne de la SPA 173 est porté sur un disque blanc. *(G. Paloque)*

# Escadron de Chasse 3/12 « Cornouaille »

## (décembre 1954-août 1959/juin 1979-juin 1995)

*1re Escadrille: Scorpion. 2e Escadrille: Dogue.*
*Codes et avions: Du 1er décembre 1954 au 1er août 1956: 12-Ux, puis 12-Zx (Mystère IVA).*
*D'août 1959 à juin 1995: 12-Zx (Super Mystère B2, Mirage F1C)*

Dassault Mystère IVA n° 33 de l'EC 3/12 « Cornouaille ». Cambrai-Epinoy, 1956-1957.

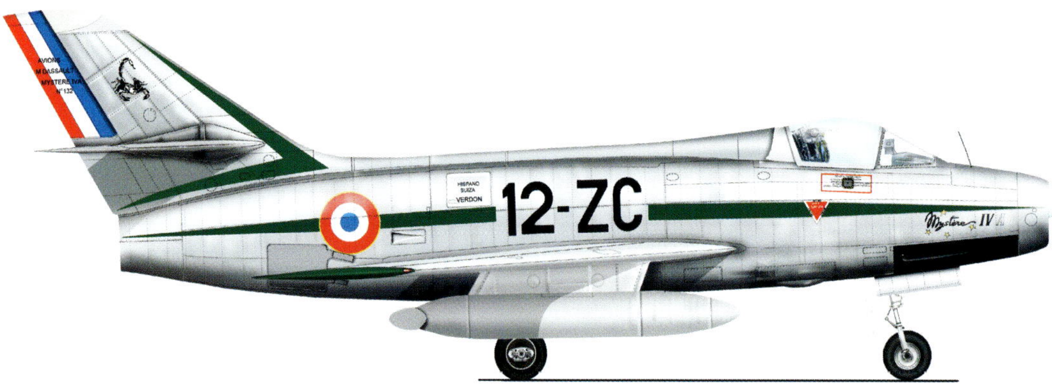


Dassault Mystère IVA n° 132 de l'EC 3/12 « Cornouaille ». Cambrai-Epinoy, 1958. Le code a été modifié (12-Zx) et l'éclair est vert. Insignes de dérive: Scorpion (1re escadrille) à droite et Dogue (2e escadrille) à gauche.

Dassault Super Mystère B2 n°112 de l'EC 3/12 « Cornouaille ». Cambrai-Epinoy, 1968.

Dassault Super Mystère B2 n°132 de l'EC 3/12 « Cornouaille ». Cambrai-Epinoy, 1968. Le chiffre 12 du code est désormais évidé.

Dassault Super Mystère B2 n°154 de l'EC 3/12 « Cornouaille ». Cambrai-Epinoy, 1970. Le code de fuselage était auparavant noir. Ce camouflage à quatre tons était dit « israélien ». On notera la présence du drapeau tricolore sur le gouvernail et les cocardes de grandes dimensions.

Super Mystère B2 n°90 de l'EC 1/12 « Cambrésis en 1972 ». Camouflage standard et insigne de la SPA 162 (tête de tigre/1re escadrille) sur le côté droit de la dérive.
*(DR)*

Dassault Super Mystère B2 n° 109 de l'EC 3/12 « Cornouaille ». Cambrai-Epinoy, 1972. Avec ce camouflage dit « Dassault » (ou « Vietnam ») le drapeau de gouvernail avait été supprimé.

Super Mystère B2 n°156 de l'EC 1/12 « Cambrésis » en 1969 portant le camouflage « style Vietnam » peint à l'usine Dassault de Bordeaux-Mérignac. *(DR)*

Dassault Mirage F1C n° 100 de l'EC 3/12 « Cornouaille ». Cambrai-Epinoy, 1977. Premier type de décoration de dérive avec insigne d'escadrille (scorpion à droite) sur un bandeau d'hermines.

Dassault Mirage F1C n° 67 de l'EC 3/12 « Cornouaille ». Cambrai-Epinoy, juin 1995. Cette décoration spéciale fut réalisée à l'occasion de la dissolution du « Cornouaille » qui fut prononcée le 22 juin 1995.

## Escadrilles rattachées à la 12e Escadre en Algérie

SNCAC NC 701 Martinet n° 65 de la Section de liaison de la 12e Escadre. Cambrai-Epinoy, 1956.

Mirage F1C n° 72 de l'EC 2/12 « Picardie ».
*(Coll. E. Moreau)*

# Section de Liaison de la 12e Escadre

Dassault MD 312 Flamant n° 248 de la Section de liaison de la 12e Escadre. Cambrai-Epinoy, 1970.

Max Holste MH-1521 Broussard n° 163 de la Section de liaison de la 12e Escadre. Cambrai-Epinoy, 1971.

Fouga CM 170 Magister n° 7 de la Section de liaison de la 12e Escadre. Cambrai-Epinoy, 1975.

Lockheed T-33A-1-LO (s/n 14044) de la Section de liaison de la 12e Escadre. Cambrai-Epinoy, 1975 L'insigne porté sur la dérive est celui de l'EEVSV (Escadron d'Entraînement au Vol Sans Visibilité) de la 12e Escadre.

Super Mystère B2 n°98 de l'EC 1/12 « Cambrésis » à Cambrai en 1967. La « guêpe » de la SPA 89 n'est plus peinte sur un éclair rouge. *(E. Moreau)*

# Escadrilles rattachées à la 12e Escadre en Algérie

## EALA 5/72

L'escadrille EALA 5/72, parrainée par la 12e Escadre de Chasse, fut créée en juillet 1956 et s'installa à Colomb-Béchar (Algérie). Elle resta sur cette base jusqu'en décembre 1958, participant aux opérations de maintien de l'ordre, puis fit mouvement vers Méchéria, où elle fut basée de décembre 1958 à octobre 1959, avant de s'installer à Blida, en novembre 1959. L'EALA 5/72 fut dissoute en novembre 1959 pour devenir la première escadrille de l'Escadron EALA 3/12 de Blida.

North American T-6G Texan (s/n 114992) de l'EALA 5/72. Colomb-Béchar (Algérie), 1957.

Insigne de l'EALA 5/72

## EALA 15/72

L'EALA 15/72, seconde escadrille parrainée par la 12e Escadre de Chasse, fut créée en novembre 1956 à Marrakech, au Maroc. Elle s'installa ensuite sur la base de Paul Cazelles, en Algérie, afin de participer aux opérations en AFN. Après avoir déménagé, en mars 1959, à Blida, elle fut dissoute en novembre de la même année et devint la seconde escadrille de l'escadron EALA 3/12.

North American T-6G Texan (s/n 45-01255) de l'EALA 15/72. Paul Cazelles (Algérie), septembre 1958 à août 1959.

## EALA 3/12

L'escadron EALA 3/12 fut constitué en décembre 1959 à partir du regroupement des EALA 5/72 et 15/72. Parrainé par la 12e Escadre de Chasse, il resta basé à Blida (Algérie) de décembre 1959 à juin 1961, date de sa dissolution.

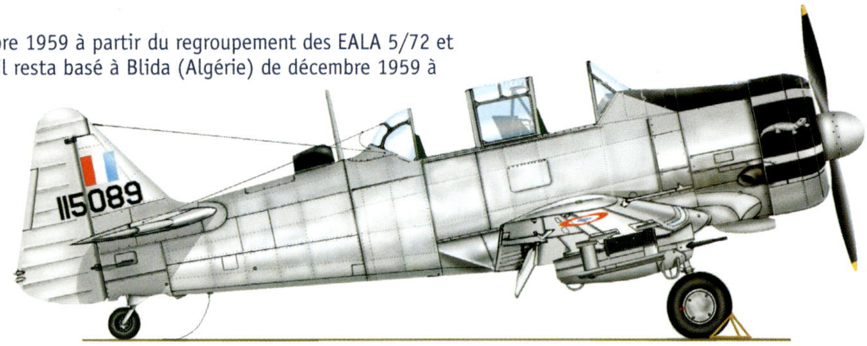


North American T-6G Texan (s/n 51-15089) de l'EALA 3/12. Blida (Algérie), 1960

Super Mystère B2 n°98 du « Cambrésis » en 1967, en compagnie d'un Fiat G.91 de la Luftwaffe.
*(DR)*

Mirage IIIE n° 405 de l'EC 1/13 « Artois » en vol au-dessus de la campagne alsacienne. Insigne d'escadrille et cocardes sont de dimensions réduites. *(Coll. E. Moreau)*

# 13e Escadre de Chasse

La 13e Escadre de Chasse Tout Temps (ECTT) fut créée sur la base aérienne de Lahr, en Allemagne, en mars 1956, afin d'être équipée du chasseur tout temps North American F-86K Sabre dont les premiers exemplaires lui furent livrés en septembre de la même année. La 13e Escadre resta peu de temps à Lahr, car elle s'installa en avril 1957 sur la base de Colmar-Meyenheim. À l'époque, elle possédait une soixantaine de F-86K et huit T-33A destinés à l'entraînement au vol aux instruments, répartis dans ses deux escadrons, l'ECTT (Escadron de Chasse Tout Temps) 1/13 « Artois » et l'ECTT 2/13 « Alpes ».

Les missions de chasse tout temps de jour comme de nuit se succédèrent de 1956 à 1962, le F-86K remplissant sa mission avec efficacité, aucun accident mortel n'étant déploré pendant cette période.

Le Mirage IIIC remplaça le F-86K à partir de février 1962, les premiers exemplaires du nouveau chasseur delta étant d'abord livrés à l'« Artois », puis à l'« Alpes » en avril 1962.

En avril 1965, le Mirage IIIE, doté d'une électronique plus performante, remplaça le Mirage IIIC, et en février 1968 ces appareils furent équipés d'un moteur-fusée d'appoint SEPR 844 afin de rendre les interceptions à très haute altitude plus performantes.

Le 1er mars 1972, lorsque l'« Artois » et l'« Alpes » furent redésignés « Escadrons de Chasse » (EC), un nouvel escadron, l'EC 3/13 « Auvergne » fut créé, qui reçut les Mirage 5F destinés à l'origine à Israël, mais qui avaient été placés sous embargo par la France depuis 1967. Ces appareils furent utilisés par l'Armée de l'Air pour des missions d'appui tactique. Afin de regrouper tous les Mirage 5F sur la base de Colmar,

Mirage IIIBE n° 274 de l'EC 1/13 « Artois ». L'insigne de la 4e escadrille, attribuée à partir de juin 1986, le « Diable rouge chevauchant un balai » de la SPA 160, est peint sur le côté gauche de la dérive et le « Petit Poucet » de la SPA 116 (3e escadrille) à droite. *(Coll. E. Moreau)*

Mirage F1C n° 267 de l'EC 1/13 « Artois » en vol en configuration « lisse » mais avec des adaptateurs Alkan sous les ailes. La pointe avant a visiblement appartenu auparavant à un autre appareil au camouflage différent... *(SIRPA Air)*

'EC 2/13 « Alpes » utilisa les Mirage IIIE jusqu'en mars 1977, date où il fut rééquipé lui aussi de Mirage 5F.

En juin 1986, l'EC 1/13 accueillit deux escadrilles supplémentaires (qui reprirent les traditions des SPA 155 et SPA 160), équipées de Mirage IIIB et BE, l'« Artois » volant sur ces appareils jusqu'en juin 1992.

En février 1992, des Mirage IIIBE furent livrés à l'EC 2/13 et la SPA 155 fut transférée de l'EC 1/13 à l'EC 2/13. Cet escadron devait à l'origine être équipé de Mirage F1 CT, mais sa transformation sur ce type d'appareil n'eut finalement pas lieu, le 2/13 « Alpes » étant dissous le 1er juillet 1994. L'EC 1/13 fut le premier escadron de la « Treize » à être équipé de Mirage F1 CT en novembre 1992. Le 1er août 1993, l'« Artois » fut dissous pour être rebaptisé le même jour EC 1/13 « Normandie-Niémen ».

De son côté, l'EC 3/13 « Auvergne » vola peu de temps sur F1 CT car il fut dissous lui aussi le 1er août 1993 pour devenir l'EC 3/13 « Alsace ».

Après à la dissolution de la 13e Escadre de Chasse, le 23 juin 1995, l'Escadron (Régiment) 1/13 « Normandie-Niémen » fut transféré à la 30e Escadre où il prit la dénomination d'EC (RC) 2/30 « Normandie-Niémen ». Quant au 3/13 « Alsace », il devint l'EC 1/30 « Alsace ».

L'« Artois » a été recréé en mai 2014 sous la forme de l'Escadron d'Instruction au Vol (EIV) 1/13. Basé à Cognac et équipé de TB 30 Epsilon et de Grob 120, il a repris les traditions des escadrilles SPA 83, SPA 100 et SPA 155.

Le Mirage IIIE n° 482 de l'EC 1/13 « Artois » photographié à Colmar-Meyenheim à la fin des années quatre-vingt. La « Chimère » de la SPA 83 est peinte sur le côté droit de la dérive. *(G. Paloque)*

## Escadron de Chasse Tout Temps (avril 1956 à mars 1972), puis **Escadron de Chasse 1/13 « Artois »** (mars 1972 à août 1993)

*1re Escadrille: SPA 83. 2e Escadrille: SPA 100. 3e Escadrille: SPA 155 (à partir de juin 1986). 4e Escadrille: SPA 160 (à partir de juin 1986)*

*Codes et avions: 13-Gx, puis 13-Qx (F-86K Sabre). 13-Qx (Mirage IIIC, E, B) de mars 1962 à juin 1996. 13-Fx (Mirage IIIB) de juin 1986 à janvier 1992. 13- Zx (Mirage IIIBE) de juin 1986 à février 1992. 13-Qx (Mirage F1CT) de novembre 1992 à juin 1995.*

Fiat/North American F-86K Sabre Dog (s/n 55-4839) de l'Escadron de Chasse Tout Temps (ECTT) 1/13 « Artois ». Lahr, RFA, 1956. Le premier code affecté à l'ECTT 1/13 était en 13-Gx.

Fiat/North American F-86K Sabre Dog (s/n 55-4860) de l'ECTT 1/13 « Artois ». Colmar 1960. L'insigne de la SPA 100 (« hirondelle en vol cabré ») est porté à droite, et celui SPA 83 (« griffon noir » souvent appelé chimère) — peut-être — à gauche.

F-86K Sabre Dog (s/n 55-4838) de l'EC 1/13 « Artois ». Sur cet appareil assemblé par Fiat en Italie, l'insigne d'unité n'est pas porté et son emplacement sur la flèche tricolore de fuselage est vide. De même, la lettre individuelle du code (« X ») est absente. *(Coll. E. Moreau)*

Dassault Mirage IIIC n° 46 de l'EC 1/13 « Artois ». Colmar, mai 1963 à décembre 1964.

Dassault Mirage IIIB n° 205 de l'EC 1/13 « Artois ». Colmar, novembre 1964 à juillet 1966.

Dassault Mirage IIIE n° 482 de l'EC 1/13 « Artois ». Colmar, décembre 1974 à juin 1984. Insignes de la SPA 100 à gauche et de la SPA 83 à droite.

F-86K (s/n 55-4824) de l'EC 1/13 « Artois ». Comme souvent sur les Sabre Dog de cet escadron, aucun insigne d'unité n'est peint à son emplacement pourtant prévu, tandis qu'ici seule la partie centrale blanche de la flèche de fuselage est présente. À la fin de sa carrière en France, ce chasseur sera livré à l'Italie et finalement retiré du service à la suite d'un accident en 1968. *(Coll. E. Moreau)*

Dassault Mirage IIIB2 n°245 de l'EC 1/13 « Artois ». Colmar, de mai 1987 à janvier 1992. Insignes de la SPA 160 (« Diable rouge chevauchant un balai ») à gauche et de la SPA 155 (« Petit Poucet ») à droite, après la création de ces deux escadrilles supplémentaires.

Dassault Mirage IIIBE n° 274 de l'EC 1/13 « Artois ». Colmar, de mars 1991 à janvier 1992. L'unsigne de la SPA 155 est porté sur le côté droit de la dérive.

Dassault Mirage F1CT n° 280 de l'EC 1/13 « Artois ». Colmar, 1993. Le « griffon noir » de la SPA 83 est porté à droite.

Mirage IIIBE n° 226 de l'EC 1/13 « Artois ». Colmar-Meyenheim, 1990. On notera les différentes nuances des teintes du camouflage dues aux innombrables retouches effectuées sur cet avion à l'époque en fin de carrière et désormais conservé dans les collections du musée de l'Air du Bourget. *(E. Moreau)*

## Escadron (Régiment) de Chasse 1/13 « Normandie Niémen » (août 1993 à juin 1995)

*Insigne unique: blason de la province de Normandie et flèche blanche de la 303e Division aérienne russe.*
*Codes et avions: 13-Qx (Mirage F1 CT) d'août 1993 à juin 1995.*

Dassault Mirage F1CT n° 226 de l'EC (RC) 1/13 « Normandie-Niémen ». Colmar, 1994. L'insigne du « Normandie-Niémen » est porté des deux côtés de la dérive. L'EC 1/13 « Artois » sera dissous en août 1993 et l'escadron prendra le nom de Régiment (Escadron) de Chasse 1/13 « Normandie-Niémen ».

## Escadron de Chasse Tout Temps (octobre 1956 à mars 1972) puis Escadron de Chasse 2/13 « Alpes » (mars 1972 à juillet 1994).

*1re Escadrille: Chevalier Bayard sur disque rouge. 2e Escadrille: Chevalier Bayard sur disque blanc.*
*3e Escadrille: SPA 155 (officieux, à partir de février 1992)*
*Codes et avions: 13-Px (F-86K Sabre) de mai 1957 à avril 1962. 13-Px (Mirage IIIC, B, BE, Mirage 5F) de janvier 1965 à juin 1994.*

Fiat/North American F-86K Sabre Dog (s/n 54-829) de l'EC 2/13 « Alpes ». Colmar, 1961. L'appareil est dépourvu de l'habituelle bande rouge et blanche de fuselage.

Fiat/North American F-86K Sabre Dog (s/n 55-4827) de l'EC 2/13 « Alpes ». Colmar, 1961. On note le style particulier du code. Les insignes ne sont pas encore portés.

Fiat/North American F-86K Sabre Dog (s/n 55-4868) de l'EC 2/13 « Alpes ». Colmar, 1962. Insignes : sur le côté gauche chevalier Bayard sur cheval gris et sur cheval bai à droite.

Dassault Mirage IIIC n° 50 de l'EC 2/13 « Alpes ». Colmar, juin 1963 à décembre 1964.

Dassault Mirage IIIB n° 206 de l'EC 2/13 « Alpes ». Colmar, février 1963 à juin 1964.

Dassault Mirage IIIE n° 417 de l'EC 2/13 « Alpes ». Colmar, juin 1965.

Dassault Mirage IIIE n° 422 de l'EC 2/13 « Alpes ». Colmar, 1967. On note le changement de style des insignes (chevalier Bayard fond rouge à gauche et sur fond blanc à droite) ainsi que le chiffre « 13 » du code évidé.

Dassault Mirage IIIE n° 549 de l'EC 2/13 « Alpes ». Colmar, juillet 1968 à avril 1972. Le chevalier Bayard sur fond blanc est porté sur le côté droit de la dérive.

Dassault Mirage IIIE n° 476 de l'EC 2/13 « Alpes ». Colmar, septembre 1976 à février 1977. Le drapeau de gouvernail a été supprimé et le code déplacé à l'avant du fuselage.

Dassault Mirage IIIBE n° 268 de l'EC 2/13 « Alpes ». Colmar, février 1992 à janvier 1994. L'insigne au chevalier Bayard (cheval bai à gauche et gris à droite) n'est plus peint sur un fond de couleur.

Dassault Mirage 5F n° 9 de l'EC 2/13 « Alpes ». Colmar, juillet 1980 à septembre 1981.

Mirage 5F n° 41 de l'EC 2/13 « Alpes » en 1992. *(DR)*

# Escadron de Chasse 3/13 « Auvergne »
## (mars 1972 à août 1993)

*1re Escadrille: SPA 85. 2e Escadrille: GC II/9 (2e esc.)*
*Codes et avions: 13-Sx (Mirage 5F, Mirage F1 CT)*

Fiat/North American F-86K (s/n 54863) de l'EC 3/13. Colmar. Le 3/13 regroupa tous les F-86K de la 13e Escadre lors de la transformation sur Mirage IIIC des EC 1/13 et 2/13. Le 3/13 n'aura pas de tradition et ne prendra pas de nom d'unité jusqu'au retrait des F-86K, en septembre 1962.

Dassault Mirage 5F n° 2 de l'EC 3/13 « Auvergne ». Colmar, juillet 1972 à mars 1973. Cet avion porte le premier type de décoration de dérive, avec insigne d'escadrille peint en grande dimension sur un triangle noir.

Dassault Mirage 5F n° 29 de l'EC 3/13 « Auvergne ». Colmar, 1985. Insignes: SPA 85 (Joker, surnommé « La Folie ») à gauche et GC II/9(4) (Ecu azur avec main fermée, pouce pointé vers le bas et devise « Morietur ») à droite.

Dassault Mirage F1CT n° 279 de l'EC 3/13 « Auvergne ». Colmar, 1993. La décoration en pointe de flèche figurant sur la dérive sera portée pendant une courte période. Insignes: SPA 85 (« Folie ») à gauche et GC II/9 (« Morietur ») à droite.

## Escadron de Chasse 3/13 « Alsace »
### (août 1993 à juin 1995)

*Insigne unique: blason de la province d'Alsace.*
*Codes et avions: 13-Sx (Mirage 5F, Mirage F1 CT)*

Mirage F1CT n° 252 de l'EC 3/13 « Auvergne » puis de l'EC 3/13 « Alsace ». Colmar, 1993. Suite à la dissolution du 3/13 « Auvergne », le 1er août 1993, le 3/13 prendra le nom d'« Alsace » le même jour. L'insigne de la province d'Alsace est porté des deux côtés de la dérive.

Schéma du camouflage « intégral » (dessus et dessous) porté par les Mirage F1 CT

Mirage F1C-200 n° 245 de l'EC 3/13 « Auvergne ». Colmar, 1993. La flèche noire, héritée des Mirage 5F de l'escadron, n'a été portée par les F1 que pendant une courte période.
*(Coll. E. Moreau)*

# Section de Liaison de la 12e Escadre

*Insigne de la Section de Liaison de la 13e EC en 1963*

Lockheed T-33A-1-LO (s/n 54-1576) de la Section de Liaison de la 13e Escadre. Colmar, 1963.

Lockheed T-33A-1-LO (s/n 55-3092) de la Section de Liaison de la 13e Escadre. Colmar, 1972.

Dassault MD 312 Flamant n° 200 de la Section de Liaison de la 13e Escadre. Colmar, 1964.

Mirage F1CT n° 234 de l'EC 1/13 « Artois » à Colmar en 1993. *(Coll. E. Moreau)*

Dassault MD 312 Flamant n° 234 de la Section de Liaison de la 13e Escadre. Colmar, 1974.

Insigne de la Section de Liaison de la 13e EC

Fouga CM 170 Magister n° 465 de la Section de Liaison de la 13e Escadre. Colmar, 1985.

Max Holste MH-1521 Broussard n° 104 de la Section de Liaison de la 13e Escadre. Colmar, 1974.

Max Holste MH-1521 Broussard n° 163 de la Section de Liaison de la 13e Escadre. Colmar, 1986.

Mirage IIIBE n° 207 de l'EC 1/13 « Artois » à Colmar au début des années quatre-vingt-dix. L'avion porte l'insigne du CIFAS 328 sur sa dérive. *(Coll. E. Moreau)*

Le Skyraider BuNo 126927 de l'EC 2/20 « Ouarsenis » au-dessus du djebel. Pour l'anecdote, ce « Spad » avait été endommagé par la DCA nord-coréenne en 1952 alors qu'il était affecté à la VA-55 de l'US Navy ! *(J.-Ph. Château via A. Crosnier)*

# 20e Escadre de Chasse

La 20e Escadre de Chasse fut créée le 1er avril 1956 à Oran-La Sénia, en Algérie, à la suite de la dissolution, la veille, de l'Escadron d'Entraînement Opérationnel et de Calibration (EEOC) 1/17. Elle était composée de deux escadrons de chasse, les EC 1/20 « Aurès-Némentcha » et EC 2/20 « Ouarsenis », qui furent d'abord équipés de P-47D Thunderbolt jusqu'en septembre 1957, puis de SE 535 Mistral de septembre 1957 à avril 1960, et enfin de Douglas AD-4 Skyraider. En juillet 1960, un troisième escadron, l'EC 3/20 « Oranie », rejoignit l'escadre à Oran et fut lui aussi doté de Skyraider.

L'EC 1/20 « Aurès-Némentcha » fut dissous en septembre 1963 et le 2/20 « Ouarsenis » en novembre suivant.

Le 3/20 « Oranie » s'installa en novembre 1963 sur la base aérienne 142 de Boufarik (Algérie), avant d'être à son tour dissous le 1er février 1964 en même temps que la 20e Escadre de Chasse.

Douglas AD-4N Skyraider (BuNo 125719) de l'EC 1/20 « Aurès-Némentcha ». Cet avion sera retiré du service par l'Armée de l'Air en mai 1964. *(Archives M. Fluet via A. Crosnier)*

Coll Alain Crosnier (DR)

## Escadron de Chasse 1/20 « Aurès Nementcha »
## (septembre 1956 à novembre 1963)

*1re Escadrille: 1/20(1). 2e Escadrille: 2/20(2)*
*Codes et avions: 20-Lx (P-47D, Mistral, AD-4/AD-4N Skyraider)*

Republic P-47D-30-RA Thunderbolt (s/n 44-90019) de l'EC 1/20 « Aurès-Nementcha ». Télergma (Algérie), 1957.

SNCASE 535 Mistral n° 44 de l'EC 1/20 « Aurès-Nementcha ». Boufarik (Algérie), 1959.

P-47C-30-RE Thunderbolt (s/n 44-20810) de l'EC 1/20 « Aurès-Némentcha » à Blida en 1957. *(J. Delmas via A. Crosnier)*

Douglas AD-4 Skyraider (BuNo 123846/Sferma n° 111) de l'EC 1/20 « Aurès-Nementcha ». Boufarik (Algérie), 1960.

Douglas AD-4NA Skyraider (BuNo 126877/Sferma n° 21) de l'EC 1/20 « Aurès-Nementcha ». Boufarik (Algérie), 1963. L'insigne de l'escadron est porté des deux côtés du capot-moteur.

SNCASE 535 Mistral n° 39 de l'EC 1/20 « Aurès-Nementcha » « vautré » à Oran à la fin des années cinquante.
*(Coll. E. Moreau)*

## Escadron de Chasse 2/20 « Ouarsenis »
## (septembre 1956 à novembre 1963)

*1re Escadrille: ERC 3/561. 2e Escadrille: ERC 4/561.*
*Codes et avions: 20-Qx (P-47D, AD-4N Skyraider)*

Republic P-47D-30-RA Thunderbolt (s/n 44-89793) de l'EC 2/20 « Ouarsenis ». Blida (Algérie), 1959.

Douglas AD-4NA Skyraider (BuNo 126940/Sferma n° 17) de l'EC 2/20 « Ouarsenis ». Boufarik (Algérie), 1961. Insigne de la première escadrille (ERC 3/561) sur le côté gauche du capot et de la seconde (ERC 4/561) à droite.

Alignement de Skyraider de l'EC 2/20 à Boufarik, ailes repliées. Au premier plan l'AD-4N BuNo 126927 (cf. p. 182), qui reçut ce nouveau code (20-QW) en 1962. *(Coll. E. Moreau)*

Patrouille de Skyraider de l'EC 2/20 au-dessus de l'Algérie en 1963, peu avant la dissolution de l'escadron.
*(Archives J. Delmas)*

## Escadron de Chasse 3/20 « Oranie »
### (juillet 1960 à février 1964)

***1re Escadrille: SPA 96. 2e Escadrille: SPA 12.***
***Codes et avions: 20-Fx (Skyraider)***

Douglas AD-4NA Skyraider (BuNo 126900/Sferma n° 57) de l'EC 3/20 « Oranie ». Boufarik, février 1964. L'insigne de la SPA 96 (« Le Gaulois ») est porté sur le côté droit du capot-moteur.

AD-4N BuNo 126903 de l'EC 3/20 « Oranie » à la fin de sa carrière en Algérie. Le fanion bicolore de la SPA 12 (1re escadrille) est peint sur le côté gauche du capot-moteur.
*(Coll. A. Crosnier)*

# 30ᵉ Escadre de Chasse

La 30ᵉ Escadre de Chasse de Nuit fut créée sur la base aérienne de Tours le 1ᵉʳ mai 1953. Elle ne comptait alors qu'un escadron, l'ECN (Escadron de Chasse de Nuit) 1/30 « Loire », équipé de Gloster Meteor T.7. Elle reçut un deuxième escadron, l'EC 3/30 « Lorraine », équipé de Gloster Meteor NF.11, à partir du mois de juillet suivant, puis un troisième, l'ECN 2/30 « Camargue », en septembre 1954. En mai 1957, l'escadre fut rebaptisée 30ᵉ Escadre de Chasse Tout Temps lorsqu'elle reçut des SO 4050 Vautour II, le « Camargue » étant dissous le même mois.

Créée en 1958 et basée à Bône-les-Salines, en Algérie, l'escadrille de chasse de nuit (ECN) 1/71 fut rattachée à la 30ᵉ Escadre et elle parraina à son tour l'EALA 10/72 basée à La Reghaïa de septembre 1956 à septembre 1960.

En mars 1962, la « Trente » s'installa à Reims, d'abord avec l'ECTT 2/30 qui fut rapidement rejoint, à la fin du conflit algérien, par le « Normandie-Niémen ». Ce dernier avait précédemment été basé à Oran (ex ECTT 2/6) où il avait été transformé sur Vautour IIN, et il fut renommé pour l'occasion ECTT 2/30. Toujours en 1962, l'ECN 1/30 « Loire », jusque-là basé à Creil, s'installa à son tour à Reims et y resta jusqu'en mars 1965, date de sa dissolution.

Le CIPNCTT (Centre d'Instruction des Pilotes et Navigateurs de la Chasse Tout Temps, généralement abrégé en CITT) 346, équipé de Gloster Meteor T.7 biplaces destinés à l'entraînement, quitta sa base de Tours pour celle de Reims en 1961 quand il fut intégré à la 30ᵉ Escadre. En octobre 1963, il devint la SETT (Section d'Entraînement Tout Temps) 12/30 « Hautvillers » puis, en décembre 1967, l'Escadron d'Entraînement Tout Temps (EETT) 12/30 « Hautvillers », chargé de la formation des

La « Trente » au temps de sa splendeur, avec un Mirage F1C de chacun de ses escadrons. Dans l'ordre « Valois », « Normandie-Niémen » et « Lorraine ». *(SIRPA Air)*

SNCASO SO 4050 Vautour IIN n° 343 de l'ECTT 2/30 « Normandie Niémen » à Reims au début des années 1970. Le chasseur porte au sommet de sa dérive, l'insigne du « Lorraine », escadron basé au même endroit et qui forme depuis 1966 un *pool* avec le « Neu-Neu », les V2N étant attribués journellement aux deux unités en fonction de leurs besoins. *(SHD Air)*.

Le Mirage F1B n° 520 de l'EC 3/30 « Lorraine » en vol en configuration « lisse ». *(Armée de l'Air)*

À l'occasion du 75e anniversaire du « Normandie-Niémen », trois Rafale C de l'unité reçurent une décoration spéciale sur leur dérive reprenant les insignes des escadrilles dont les traditions ont été reprises par le « Neu-Neu » à partir de 2012 : SPA 93 (« Canard col-vert », 1re escadrille), SPA 97 (« Hermines noires sur fanion », 2e escadrille) et SPA 91 (« Aigle portant une tête de mort », 3e escadrille). *(Armée de l'Air)*

navigateurs-radaristes affectés sur Vautour. Cet escadron, doté de Meteor T.7 et NF.11, ainsi que de MD 315R Flamant, fut dissous en octobre 1972 lorsque les Vautour furent retirés de la 30e Escadre.

En décembre 1973, la « Trente » reçut des Mirage F1C qui furent d'abord livrés au « Normandie-Niémen », redésigné pour l'occasion EC (RC*) 2/30, puis à l'EC 3/30 « Lorraine » en 1974. En raison de ce rééquipement, l'escadre fut rebaptisée 30e Escadre de Chasse.

Lors de la dissolution de la 10e Escadre de Chasse, en 1985, le « Valois » (EC 1/10) rejoignit la « Trente » à Reims pour y devenir l'EC 1/30.

Basé à Djibouti, l'EC 3/10 « Vexin », équipé à l'époque de Mirage IIIC, se transforma sur Mirage F1C puis, en juillet 1988, il fut rattaché à la 30e EC sous la désignation d'EC 4/30 « Vexin » tout en restant dans la Corne de l'Afrique.

En août 1988, l'EC 3/30 « Lorraine » fut officiellement chargé de la transformation des pilotes affectés dans les unités équipées de Mirage F1.

En août 1993, l'EC 2/30 fut dissous, le « Normandie-Niémen » étant rattaché à la 13e Escadre de Colmar.

En juin 1994, l'EC 4/30 « Vexin » changea à son tour d'escadre, devenant ainsi l'EC 4/33 « Vexin », tandis que le même mois, l'EC 1/30 « Valois » était dissous, en même temps que la 30e Escadre de Chasse.

L'EC 3/30 « Lorraine » devint un escadron autonome à la suite de cette dissolution et fut à son tour rattaché à la 33e Escadre sous le nom d'EC 3/33 « Lorraine ».

Après la dissolution de la 13e Escadre de Chasse, en juin 1995, l'EC 1/13 « Normandie-Niémen » fut renommé EC 2/30 « Normandie-Niémen ». De juin 2008 à juillet 2009, à la suite de la mise en sommeil de l'EC 1/30 « Alsace », il reprit brièvement le numéro de ce dernier. Après avoir lui aussi été mis en sommeil, le « Neu-Neu » fut reconstitué en juin 2012 sous la forme de l'EC (RC) 2/30. Toujours en activité de nos jours, il est composé de trois escadrilles qui ont repris les traditions des SPA 93, 97 et 91.

L'EC 3/30 « Lorraine » fut recréé à Al-Dhafra, aux Émirats Arabes Unis en novembre 2010. Équipé de Mirage 2000-5 et de Rafale, il a dans un premier temps été composé de deux escadrilles (traditions des SPA 38 et SPA 56), avant d'en recevoir une troisième (SPA 162) en juin 2016. La 30e Escadre de Chasse fut reformée le 3 septembre 2015 sur la BA 118 de Mont-de-Marsan. Elle rassemble aujourd'hui l'Escadron de Chasse et d'Expérimentation (ECE) 1/30 « Côte d'argent » (ex ECE 5/330), constitué en mars 2016 et composé de deux escadrilles (traditions des BR 127 et 128), l'EC (RC) 2/30 « Normandie-Niémen » et l'EC 3/30 « Lorraine ».

**Créé sur le modèle russe en 1942, le « Normandie-Niémen », en raison de ces origines, est la seule unité française autorisée à s'appeler « Régiment de Chasse » (RC) plutôt qu'Escadron de Chasse (EC).*

## Escadron de Chasse de Nuit 1/30 « Loire »
### (mai 1953 à mars 1965)
*1re Escadrille: C 46. 2e Escadrille: 1/30 (2) « Chenonceau ».*
*Codes et avions: 30-0x (Meteor NF.11, Vautour IIN)*

Gloster Meteor NF.11 de l'ECTT 1/30 « Loire ». Tours, 1957.

SNCASO SO 4050 Vautour IIN n° 321 de l'ECTT 1/30 « Loire ». Creil, 1965.

## Escadron de Chasse 1/30 « Valois »
### (avril 1985 à juin 1994)
*1re Escadrille: SPA 84. 2e Escadrille: SPA 93.*
*Codes et avions: 30-Sx (Mirage F1 CT)*

Dassault Mirage F1C-200 n°218 de l'EC 1/30 « Valois ». Reims, 1988. Insignes de dérive: SPA 93 à gauche et SPA 84 à droite.

Mirage F1C-200 n°274 de l'EC 1/30 « Valois ». Le « Canard col-vert en vol » de la SPA 93 est peint sur le côté gauche de la dérive (tête de renard à droite).
*(G. Paloque)*

## Escadron de Chasse 1/30 « Alsace » (juin 1995 à juin 2008)

*1re Escadrille: Strasbourg. 2e Escadrille: Mulhouse. 3e Escadrille: Colmar.*
*Codes et avions: 30-Sx (Mirage F1 CT, Mirage F1 B)*

Dassault Mirage F1CT n° 246 de l'EC 1/30 « Alsace ». Colmar-Meyenheim, 1995. L'insigne de l'escadron (blason de la province d'Alsace) est porté des deux côtés de la dérive.

Dassault Mirage F1CT n° 225 de l'EC 1/30 « Alsace ». Colmar-Meyenheim, 1995. L'insigne de la 3e escadrille (le blason de la ville de Colmar) est porté des deux côtés de la dérive.

Dassault Mirage F1B n° 504 de l'EC 1/30 « Alsace ». Colmar-Meyenheim, 1995. L'insigne de la 1re escadrille (blason de la ville de Strasbourg) est porté sur la dérive.

Dassault Mirage F1B n° 514 de l'EC 1/30 « Alsace ». Colmar-Meyenheim, 2010. L'insigne de l'escadron (blason de la province d'Alsace) est porté des deux côtés de la dérive.

Dassault Mirage F1CT n° 260 de l'EC 1/30 « Alsace ». Colmar-Meyenheim, 2001. Décoration spéciale réalisée à l'occasion du 60e anniversaire de l'« Alsace ».

*Insigne porté à droite (No 341 (French) Squadron de la RAF)*

Dassault Mirage F1B n° 518 de l'EC 1/30 « Alsace ». Colmar-Meyenheim, 2008. Décoration spéciale réalisée portée pour commémorer les 65 ans de l'« Alsace ».

Dassault Mirage F1CT n° 236 de l'EC 1/30 « Alsace ». Colmar-Meyenheim, juin 2002. Décoration spéciale réalisée à l'occasion des 65 ans de la création des FAFL.

Le Mirage F1CT n° 246 de l'EC 1/30 « Alsace » en vol, portant sur sa dérive l'insigne de la seconde escadrille, le blason aux armes de la ville de Mulhouse. *(Dassault Aviation)*

## Escadron de Chasse de Nuit 2/30 « Camargue »
## (septembre 1954 à mai 1957)

*Insigne: ERC 2/562*

*Codes et avions: 30-Mx (Meteor NF.11, Meteor T.7)*

Gloster Meteor T.7 de l'Escadron de Chasse de nuit (ECN) 2/30 « Camargue ». Tours, 1956.

Gloster Meteor NF.11 de l'ECN 2/30 « Camargue ». Tours, 1956. L'insigne de l'ERC (ECN) 2/562 n'est porté que du côté droit.

Gloster Meteor T.7 (F-9/ex serial WH832) de l'ECN 2/30 « Camargue » à Tours en 1956. Outre deux exemplaires de cette version d'entraînement du célèbre chasseur britannique, achetés neufs et destinés au CEV, la France reçut également douze anciens appareils de la RAF numérotés F1 à F11. *(SHD Air)*

## Escadron (Régiment) de Chasse Tout Temps (mars 1962 à décembre 1973), puis
## Escadron (Régiment) de Chasse 2/30 « Normandie-Niémen »
## (décembre 1973 à juin 2008 — juin 2012 à aujourd'hui)

*1re Escadrille (à partir de juin 2012) : SPA 93 2e Escadrille (à partir de juin 2012) : SPA 97.*
*3e Escadrille (à partir de juin 2012) : SPA 91.*
*Codes et avions : 30-Fx (Vautour IIN, Mirage F1C et B). 30-Qx (F1 CT) 1995 à 2008. 118-xx puis 30-xx (Rafale)*

SNCASO SO 4050 Vautour IIN n° 317 de l'ECTT 2/30 « Normandie-Niémen ». Reims, 1966. L'insigne d'escadron est porté des deux côtés de la dérive, sous le stabilo.

SNCASO SO 4050 Vautour IIN n° 314 de l'ECTT 2/30 « Normandie-Niémen ». Reims 1972. Le drapeau de gouvernail a disparu et le chiffre « 30 » du code est évidé.

SNCASO SO 4050 Vautour IIN n° 343 de l'ECTT 2/30 « Normandie-Niémen » au début des années 1970. Aucun insigne n'est porté sur la dérive.
*(SHD Air)*

Dassault Mirage F1C-200 n°260 de l'EC 2/30 « Normandie-Niémen », Reims 1990. L'insigne d'escadron est porté des deux côtés de la dérive.

Dassault Mirage F1C-200 n°264 de l'EC 2/30 « Normandie-Niémen ». Reims 1984.

Dassault Mirage F1CT n° 243 de l'EC 2/30 « Normandie-Niémen ». Insigne identique des deux côtés de la dérive. Après son affectation à Colmar, le « Normandie-Niémen » fut équipé de Mirage F1 CT de 1993 à 2008.

À l'occasion du 60e anniversaire de la création du « Normandie-Niémen », ce F1C-200 (n° 220) reçut cette spectaculaire décoration. *(B. Vinot-Préfontaine)*

Dassault Mirage F1C n° 16 de l'EC 2/30 « Normandie-Niémen ». Reims, 1992. Décoration spéciale réalisée à l'occasion du 50e anniversaire du « Neu-Neu ».

Dassault Mirage F1C-200 n°223 de l'EC 2/30 « Normandie-Niémen ». Reims, juin 2002. Décoration spéciale réalisée pour célébrer les cinquante ans de coopération amicale entre la Russie et la France.

Dassault Mirage F1C-200 n°220 de l'EC 2/30 « Normandie-Niémen ». Reims, 2002. Décoration spéciale portée pour le 60e anniversaire du « Neu-Neu ».

Le Rafale C123 de l'EC 2/30 « Normandie Niémen » s'apprêtant à décoller de sa base jordanienne pour une mission lors de l'opération « Chammal » à l'automne 2016. Le code de la 30e escadre, nouvellement reconstituée, est à nouveau utilisé. *(F. Lert)*

## Escadron de Chasse (juillet 1953 à mars 1962), Escadron de Chasse Tout Temps (mars 1962 à décembre 1973),

# Escadron de Chasse 3/30 « Lorraine »

## (décembre 1973 à juin 1994 — novembre 2010 à aujourd'hui)

*1re Escadrille (à partir de novembre 2010) : SPA 38. 2e Escadrille (à partir de juin 2010) : SAL 56.*
*3e Escadrille (à partir de juin 2016) : SPA 162*
*Codes et avions : 30-Fx (Meteor NF.11, Vautour IIN, Mirage F1C et B). 104-xx puis 30-xx (Rafale)*

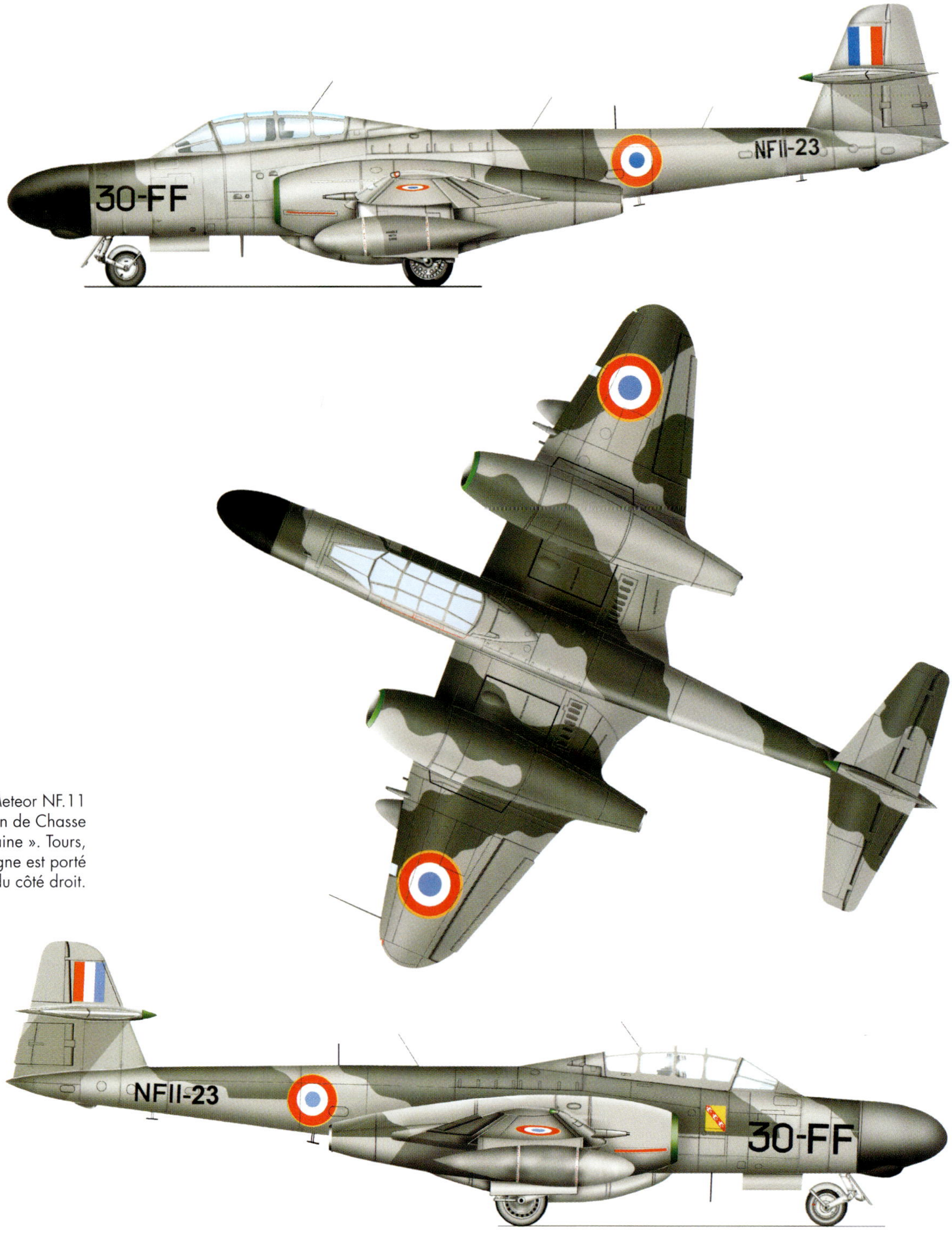


Gloster Meteor NF.11 de l'Escadron de Chasse 3/30 « Lorraine ». Tours, 1954. L'insigne est porté seulement du côté droit.

SNCASO SO 4050 Vautour IIN n° 356 de l'Escadron de Chasse Tout Temps (ECTT) 3/30 « Lorraine ». Reims, 1966. L'insigne est porté des deux côtés de la dérive.

SNCASO SO 4050 Vautour IIN n° 350 de l'ECTT 3/30 « Lorraine ». Reims, 1971.

SO 4050 Vautour IIN n° 347 de l'EC 3/30 « Lorraine » au début des années soixante-dix (chiffre du code évidé). Les éclairs sur le fuselage et les réacteurs sont de couleur rouge.
*(E. Moreau)*

Dassault Mirage F1C n° 28 de l'EC 3/30 « Lorraine ». Reims, 1974. Premier type de décoration de dérive.

Dassault Mirage F1C-200 n°271 de l'EC 3/30 « Lorraine ». Reims, 1987. L'insigne (blason de la Lorraine) de taille réduite est porté des deux côtés de la dérive.

En 1991, pour fêter le cinquantenaire du « Lorraine », une croix de Lorraine est ajoutée sur les dérives des Mirage de l'EC 3/30, comme sur ce F1B n° 504 photographié devant un abri en béton sur la base de Reims. *(Sirpa Air)*

Vol en patrouille du Mirage F1C n° 43 de l'EC 2/30 « Normandie-Niémen » et du n° 74 de l'EC 3/30 « Lorraine ». *(US Defense Imagery)*

Dassault Mirage F1B n° 505 de l'EC 3/30 « Lorraine ». Reims, 1991. Décoration spéciale réalisée à l'occasion des 50 ans du « Lorraine ».

Dassault Mirage F1B n°515 de l'EC 3/30 « Lorraine ». Reims, juillet 1988 à mai 1990. L'insigne de taille réduite est porté des deux côtés de la dérive.

Le Rafale (ici le C119) est la monture du « Normandie-Niémen » depuis que l'unité a été reformée, en juin 2012. Les appareils portent désormais le code de la 30e Escadre, recréée en 2015, sur le fuselage. *(Armée de l'Air)*

Deux Rafale du « Lorraine » au-dessus d'étendues désertiques pendant l'opération « Chammal ». Le C113, au premier plan, porte l'insigne de la SAL 56 (« Scarabée égyptien ») sur le côté gauche de sa dérive, et le blason de la province de Lorraine à droite, comme l'avion au second plan. Les chasseurs, équipés de nacelles Reco-NG, portent encore le code (104) de la base aérienne d'Al-Dhafra (Émirats Arabes Unis) où le « Lorraine » a été basé jusqu'en juin 2016. *(Armée de l'Air)*

Mirage F1C n° 211 du « Vexin » photographié devant son abri durci à Djibouti. La pointe avant a été remplacé, ce qui explique la différence de camouflages. *(F. Lert)*

## Escadron de Chasse 4/30 « Vexin »

**(août 1988 à juin 1994)**

*1re Escadrille: ERC 3/561. 2e Escadrille: ERC 4/561.*
*Codes et avions: 30-Lx (Mirage F1C)*

Dassault Mirage F1C-200 n°243 de l'EC 4/30 « Vexin ». Djibouti, 1989.

Dassault Mirage F1C-200 n°210 de l'EC 4/30 « Vexin ». Djibouti, 1994. Insignes de dérive: ERC III/561 (« Mousquetaire gris ») à gauche et ERC IV/561 (« Mousquetaire bleu ») à droite.

## Section de Liaison de la 30e Escadre

Dassault MD 312 Flamant n° 240 de la Section de Liaison de la 30e Escadre. Escadron d'Entraînement Tout Temps, (EETT) 12/30 « Hautvillers ». Reims, 1968.

Lockheed T-33A-1-LO (s/n 51-4419) de la Section de Liaison de la 30e Escadre. Reims, 1970.

Fouga CM 170 Magister n° 430 de la Section de Liaison de la 30e Escadre. Reims, 1992.

Max Holste MH-1521 Broussard n° 187 de la Section de Liaison de la 30e Escadre. Reims, 1986.

Fouga Magister n° 62 de la Section de Liaison de la 30e Escadre. L'insigne de l'EETT 12/30 « Hautvillers » est peint sous la verrière.
*(G. Paloque)*

## Escadrilles rattachées à la 30e Escadre en Algérie

North American T-6G1 Texan (s/n 49-2911) se l'EALA 10/72. Orléansville (Algérie), 1957. La flèche noire et les deux dernières lettres de l'indicatif radio peintes sur le fuselage sont les marques distinctives de cette escadrille. Après le passage en grande révision et le remplacement de la livrée jaune au profit d'une livrée aluminium, la flèche fut supprimée.

### *EALA 10/72*

En 1956, l'EALA 10/72 basée à Orléansville (Algérie) fut parrainée par la 30e Escadre de Chasse, puis, à partir de septembre 1958 par la 12e Escadre. L'EALA 10/72 participera aux opérations jusqu'en septembre 1960, date de sa dissolution.

North American T-6G2 Texan (s/n 51-14843) de l'EALA 10/72. Sétif (Algérie), 1960. À cette époque, le vert est la couleur distinctive de l'EALA 10/72.

Gloster Meteor T.7 du Centre d'Instruction Tout Temps (CITT) 346. Reims, 1965.

Gloster Meteor T.7 (F6/ ex serial WL471) du Centre d'Instruction Tout Temps (CITT) de Reims. Ce biplace avait auparavant été utilisé par l'ECN 2/30 « Camargue » sous le code « 30-MV ». *(G. Paloque)*

# CITT 346

Basé à Tours jusqu'en 1961, le Centre d'Instruction Tout Temps (CITT) 346 s'installera ensuite à Reims lors de son rattachement à la 30e Escadre de Chasse Tout Temps. En 1963, il prendra la dénomination de SETT (Section d'Entraînement Tout Temps) 12/30, puis d'Escadron d'Entraînement Tout Temps (EETT) 12/30 « Hautvillers » en 1967. Il sera dissous en octobre 1972.

Gloster Meteor NF.11 du CITT 346. Tours, 1959.

Dassault MD 315R Flamant n° 32 de l'ECN 1/71. Bône-les Salines (Algérie), 1960. L'insigne de l'escadron (VB 135) est porté à l'avant du fuselage.

*Insigne de l'ECN 1/71*

Gloster Meteor NF.11 de l'ECN 1/71. Bône-Les Salines (Algérie), 1960. L'insigne est porté à l'avant du fuselage et seulement du côté gauche. Les Meteor NF.11 détachés à l'ECN 1/71 provenaient en fait de l'ECTT 346.

Gloster Meteor NF Mark 11 (n° 34) de l'ECN 1/71. Cet exemplaire fait partie du lot de 16 anciens NF.11 de la RAF livrés à la France en 1954-1955.
*(G. Paloque)*

## ECN 1/71

Créée en 1958 à Tébessa (Algérie), l'Escadrille de Chasse de Nuit (ECN) 1/71 rassemblait les éléments du CITT 346 et était parrainée par la 30e Escadre de Chasse. En juin 1959, elle s'installa à Bône-Les Salines. Son parc aérien était composé de MD 315R (« Radar ») Flamant, de Meteor NF.11 et de B-26N. La carrière opérationnelle de l'unité lors des opérations en AFN sera ponctuée de nombreuses interceptions de nuit sur des avions non identifiés survolant le territoire algérien. Les appareils de l'ECN 1/71 (devenue « Escadron de Chasse de Nuit » en 1961) furent rapatriés à Reims avant sa dissolution, le 31 août 1962.

Douglas B-26N Invader (s/n 41-39482) de l'ECN 1/71. Bône-Les Salines (Algérie), 1959. L'insigne de la VB 135 est porté des deux côtés de la dérive.

Douglas B-26N Invader (s/n 41-39358) de l'ECN 1/71. Bône-Les Salines (Algérie) 1959. L'insigne d'unité est porté des deux côtés de la dérive.

Douglas B-26N de l'ECN 1/71 à Bones les Salines. L'appareil est équipé d'un projecteur d'identification Ulmer sous le nez, à gauche. *(DR, coll. A. Crosnier).*

# 33e Escadre de Chasse

Les F1CR n° 611 (au premier plan) de l'ER 1/33 « Belfort » et 603 de l'ER 2/33 « Savoie » survolent le désert, terrain de jeu fréquent de ce type d'appareil pendant sa longue carrière dans l'Armée de l'Air. Les deux appareils arborent chacun une gueule de requin à l'avant. *(Sirpa Air)*

La 33e Escadre de Reconnaissance fut reconstituée le 1er janvier 1945. Remontant au 33e Régiment d'Aviation formé en 1920, elle comprenait alors les GR (Groupes de Reconnaissance) I/33 « Belfort » et II/33 « Savoie » qui s'installèrent dès le mois de février suivant à Colmar. À la fin du Second Conflit mondial, les deux groupes, alors équipés de F-5G Lightning et de F-6 Mustang, s'installèrent à Fribourg-en-Brisgau, en Allemagne.

En 1950, l'escadre revint en France, à Cognac, où elle reçut, en août 1952, ses premiers avions à réaction, des Republic F-84G Thunderjet. Ceux-ci furent remplacés en novembre 1955 par des RF-84F Thunderflash, appareils conçus dès l'origine pour la reconnaissance tactique.

Le 1er avril de la même année, une troisième unité, l'ERT (Escadron de Reconnaissance Tactique) 3/33 « Moselle », fut créée, qui récupéra dans un premier temps la totalité des F-84G opérationnels. Un peu plus tard, en septembre 1955, les premiers Lockheed RT-33A destinés à l'entraînement des futurs pilotes de reconnaissance furent affectés aux ERT 2/33 et 3/33. En octobre 1956, à l'occasion de la crise de Suez, un escadron fut spécialement formé, l'ER 4/33 « Limassol », basé à Akrotiri, sur l'île de Chypre, dont les RF-84F effectuèrent de nombreuses missions de reconnaissance en Égypte. L'ER 4/33 fut dissous à la fin de l'opération, en décembre 1956.

Lors des opérations en Algérie, les pilotes de la 33e effectuèrent un tour d'opération en AFN, l'escadre parrainant en outre les EALA 11/72 et 16/72 jusqu'à leur dissolution, en 1962.

De juillet 1957 à mars 1960, la 33e Escadre s'installa de nouveau en Allemagne, à Lahr-Hugsweier, sa dotation principale étant composée de RF-84F Thunderflash.

Entre septembre 1959 et mars 1960, les ERT 2/33 « Savoie » et 3/33 « Moselle » déménagèrent à Strasbourg-Entzheim, tandis que l'ER 1/33 « Belfort » restait à Lahr jusqu'en juin 1961, date où il rejoignit Luxeuil. Dernier escadron à voler sur RF-84F, il s'installa à son tour à Strasbourg en janvier 1967.

La « Trente-trois » commença sa transformation sur Mirage IIIR en janvier 1963, les premiers appareils étant livrés à l'ERT 3/33 « Moselle ». En janvier 1964, ce fut au tour du 2/33 « Savoie » de s'équiper de ce type d'appareil, suivi en janvier 1967 par l'ER 1/33 « Belfort » qui avait

Alignement de RF-84F Thunderflash du GR II/33 « Savoie » à Chypre lors de l'opération « Mousquetaire » (intervention à Suez). *(ECPAD)*

À l'occasion du retrait du service du Mirage F1 dans l'Armée de l'Air, quatre appareils de l'ER 2/33 reçurent une livrée commémorative. Ici le n° 653 peint en camouflage « désert », et le n° 611 équipé d'un bidon « irakien » orné d'une gueule de squale. Les deux avions portent sur leur dérive un insigne composite rassemblant les emblèmes des trois escadrilles constituant le « Savoie ». *(Armée de l'Air)*

entre-temps rejoint Strasbourg. Le Mirage IIIRD, doté d'un système de navigation plus moderne, commença à équiper le « Moselle » en avril 1968.

Les Mirage III furent remplacés en septembre 1983 par des Mirage F1CR, d'abord au « Savoie » puis au « Belfort » en décembre 1985, et enfin au « Moselle » en juillet 1988. L'escadre, désormais totalement opérationnelle sur cet appareil, fut impliquée dans divers détachements outre-mer à partir de mars 1986, notamment lors des opérations « Épervier » au Tchad, mais aussi pendant la guerre du Golfe, ou encore en Bosnie et en Turquie. L'escadre participa également à l'exercice « Red Flag » aux États-Unis.

L'ER 3/33 « Moselle » fut dissous en juillet 1993 et les traditions de sa première escadrille (BR 11) furent reprises par l'ER 2/33 « Savoie ».

En août 1993, ce fut au tour de la 33e Escadre elle-même d'être dissoute. Les ER 1/33 et l'ER 2/33 devinrent alors des escadrons autonomes et s'installèrent à Reims.

Lors de la dissolution de la 30e Escadre de Chasse, l'EC 3/30 « Lorraine », devint lui aussi un escadron autonome. Il fut renommé EC 3/33 « Lorraine » en 1994 et sa mission principale devint la transformation des pilotes affectés sur Mirage F1. Cet escadron fut mis en sommeil le 26 juillet 2005, sa mission de transformation étant alors transférée à l'EC 1/30 « Alsace » basé à Colmar.

L'ER 1/33 « Belfort » fut mis en sommeil le 24 juin 2010 et remplacé en septembre suivant par l'ED (Escadron de Drones) 1/33 « Belfort », issu de l'Escadron d'Expérimentation 1/330 « Adour ». D'abord équipé de Harfang, il a reçu à partir de janvier 2014 des General Atomics MQ-9 Reaper, tandis que ses deux escadrilles ont repris les traditions de la SAL 33 (1re) et de la VR 291 (2e).

La dernière unité de l'Armée de l'Air équipée de chasseurs de reconnaissance, l'ER 2/33 « Savoie », s'installa en 2011 sur la BA 118 de Mont-de-Marsan.

Dernier escadron équipé de Mirage F1 (essentiellement des CR, ainsi que quelques biplaces F1B), il réalisa avec eux une ultime opération extérieure au Mali avant sa dissolution officielle qui intervint le 24 juillet 2014. Désormais, la mission de reconnaissance est confiée à des Rafale (notamment ceux du « Normandie-Niémen ») équipés de la nacelle Reco-NG et à des drones MALE (Moyenne Altitude Longue Endurance).

Le Mirage F1CR n° 634 de l'ER 1/33 « Belfort » en compagnie de Jaguar de la « Onze » sur le parking d'Al Ahsa en 1991, pendant l'opération « Daguet ». On notera le missile Magic « bon de guerre » et le camouflage « désert » du second type, au marron nettement moins soutenu et plus adapté à l'environnement du golfe Persique. *(Sirpa Air)*

## Groupe de Reconnaissance I/33 (janvier 1945 à mai 1964), puis Escadron de Reconnaissance 1/33 « Belfort » (mai 1964 à juin 2010)

***1re Escadrille : SAL 33. 2e Escadrille : EALA 9/72. 3e Escadrille : BR 244.***
***Codes et avions : Lettre individuelle (P-38, F-6 Mustang). 33-Bx (F-84G). 33-Cx (RF-84F, Mirage IIIR, Mirage F1CR)***

Lockheed F-5G Lightning n° 425 du GR I/33 « Belfort ». Fribourg (Allemagne), septembre 1945.

North American F-6C Mustang (s/n 44-10893) du GR I/33 « Belfort », Fribourg (Allemagne), 1949.

North American P-51D-20-NA/F-6D Mustang (s/n 44-72338) du GR I/33 « Belfort ». Fribourg (Allemagne), janvier, 1951.

Republic F-84G-33-BE Thunderjet (s/n 51-10217) du GR I/33 « Belfort ». Cognac, 1950. La hache de la SAL 33 est peinte sur toute la longueur du réservoir d'aile.

Republic RF-84F-33-BE Thunderflash (s/n 52-7323) du GR I/33 « Belfort ». Cognac, 1955. L'insigne de la SAL 33 est porté des deux côtés du fuselage.

Republic RF-84F-33-BE Thunderflash (s/n 52-7323) du GR I/33 « Belfort ». Chypre, novembre 1956. Il s'agit du même appareil que précédemment, mais revêtu des bandes jaunes et noires d'identification adoptées par les Britanniques, les Français et les Israéliens pendant l'intervention à Suez (opération « Mousquetaire »).

Republic RF-84F-46-RE Thunderflash (s/n 53-7568) de l'ER 1/33 « Belfort ». Luxeuil-St Sauveur, 1964.

Le « Belfort » a été recréé en septembre 2010 sous la forme de l'ED (Escadron de Drones) 1/33. D'abord équipé de Harfang, il a reçu à partir de janvier 2014 des General Atomics MQ-9A Reaper comme celui-ci (n° 131/709-EG), photographié à Niamey. L'engin porte sur sa dérive gauche une croix de Lorraine bleue sur laquelle figurent les deux insignes d'escadrille : « hache rouge » de la SAL 33 (1re escadrille) et « lynx lunaire » de la VR 291 (2e).

Dassault Mirage IIIR n° 341 de l'ER 1/33 « Belfort ». Strasbourg, 1964.

Dassault Mirage IIIR n° 343 de l'ER 1/33 « Belfort ». Strasbourg, 1970. L'insigne de la SAL 33 sur triangle jaune est porté des deux côtés de la dérive.

*Insigne porté à droite*

Dassault Mirage IIIR n° 348 de l'ER 1/33 « Belfort ». Strasbourg-Entzheim, 1980. L'insigne de l'EALA 9/72 (« Petit Prince », tenant ici la « Hache d'abordage rouge » de la SAL 33) est peint sur le côté droit de la dérive

Dassault Mirage F1CR n° 604 de l'ER 1/33 « Belfort ». Détachement à Al Ahsa (Arabie Saoudite) lors de l'opération « Daguet », en janvier 1991. Insignes de dérive : EALA 9/72 (« Petit Prince ») côté gauche et SAL 33 (Hache d'A. Bordage) à droite.

## Groupe de Reconnaissance II/33 (janvier 1945 à février 1953), puis Escadron de Reconnaissance Tactique 2/33 (février 1953 à mai 1964), puis Escadron de Reconnaissance 2/33 « Savoie » (mai 1964 à juillet 2014)

*1re Escadrille: SAL 6. 2e Escadrille: BR 11. 3e Escadrille: C 53.*
*Codes et avions: R7-x puis lettre individuelle (F-6 Mustang). 33-Nx (RF-84F, Mirage IIIR, Mirage F1CR). 118-Cx (Mirage F1CR, de 2011 à 2014)*

North American F-6C Mustang (s/n 44-10889) du GR II/33 « Savoie ». Fribourg (Allemagne), fin 1945. L'insigne de la SAL 6 (« Mouette du Rhin ») est porté sous la verrière des deux côtés du fuselage et le blason de la Savoie sur la dérive.

North American P-51D-10-NA (F-6D — s/n 44-14743) du GR II/33 « Belfort ». Fribourg (Allemagne), fin 1945.

North American P-51D-20-NA Mustang (F-6D s/n 44-72077) du GR II/33 « Belfort ». Cognac, 1952. Le nom « Annecy » est peint sous les pipes d'échappement. Les insignes des deux escadrilles sont placés sur la croix de Lorraine sur la dérive.

Republic F-84G-16-RE Thunderjet (s/n 51-10661) de l'ERT 2/33 « Savoie ». Cognac, 1956.

Republic RF-84F-36-RE Thunderflash (s/n 52-8722) de l'ERT 2/33 « Savoie ». Strasbourg-Entzheim, 1960.

Republic RF-84F-26-RE Thunderflash (s/n 52-7337) de l'ERT 2/33 « Savoie ». Strasbourg-Entzheim, 1963.

Dassault Mirage IIIB n° 210 de l'ER 2/33 « Savoie ». Strasbourg-Entzheim, 1964.

Dassault Mirage IIIR n° 327 de l'ER 2/33 « Savoie ». Strasbourg-Entzheim, 1964.

Mirage IIIR n° 348 de l'ER 2/33 « Savoie » dans son alvéole sur la base de Strasbourg en 1983. La croix de Lorraine sur la dérive rassemble les trois insignes des escadrilles composant l'escadron. *(G. Paloque)*

Dassault Mirage F1CR n° 606 de l'ER 2/33 « Savoie ». Strasbourg-Entzheim, 1985. L'insigne de la SAL 6 (Mouette dite « du Rhin ») est porté des deux côtés.

Dassault Mirage F1CR n° 603 de l'ER 2/33 « Savoie ». Détachement à N'Djamena (Tchad) lors de l'opération « Épervier » en 1988. Camouflage dit « vanille-chocolat ».

Dassault Mirage F1CR n° 627 de l'ER 2/33 « Savoie ». Reims, 1996. L'insigne de la 3e escadrille (C 53) est peint sur la dérive, à gauche.

Dassault Mirage F1CR n° 605 de l'ER 2/33 « Savoie ». Reims 1994. Camouflage spécial à quatre tons de beige et brun.

Dassault Mirage F1CR n° 608 de l'ER 2/33 « Savoie ». Reims, 2003. Cette décoration spéciale fut réalisée à l'occasion du parrainage de l'unité avec la région Savoie.

Mirage F1CR n° 606 de l'ER 1/33 « Belfort » en 2008. Le code sera modifié l'année suivante, le numéro de l'escadre (33) étant remplacé par celui de la base de Reims (112-xx).
*(G. Paloque)*

## Escadron de Reconnaissance Tactique 3/33 (avril 1955 à septembre 1965), puis Escadron de Reconnaissance 3/33 « Moselle » (septembre 1965 à août 1993)

***Insigne: BR 11. Codes et avions: 33-Xx (F-84G). 33-Tx (Mirage IIIR/RD). 33-Nx (Mirage F1CR)***

Lockheed F-5G Lightning n° 425 du GR I/33 « Belfort ». Fribourg (Allemagne), septembre 1945.

Republic F-84G-16-RE Thunderjet (s/n 51-10668) de l'ERT 3/33 « Moselle ». Cognac, 1955.

Republic F-84G-11-RE Thunderjet (s/n 51-10241) de l'ERT 3/33 « Moselle ». Cognac, 1955. La décoration du réservoir d'aile, constituée de trois « cocottes rouges » de la BR 11 est spécifique à cet appareil.

General Motors/Republic F-84F-41-GK Thunderstreak (s/n 52-8813) de l'ERT 3/33 « Moselle », Cognac 1957. Cet appareil aura une courte carrière au sein du 3/33 car il n'y restera que de janvier à juillet 1957.

Republic RF-84F-41-RE Thunderflash (s/n 53-7559) de l'ERT 3/33 « Moselle ». Cognac, 1957. La décoration est identique à droite.

Republic RF-84F-46-RE Thunderflash (s/n 53-7625) de l'ERT 3/33 « Moselle ». Strasbourg-Entzheim, 1963. Le schéma de camouflage vert et gris des RF-84F français est différent d'un appareil à l'autre.

Dassault Mirage IIIB n° 208 de l'ERT 3/33 « Moselle ». Strasbourg-Entzheim, 1964. Les avions du « Moselle » ne portent qu'un insigne unique, la « cocotte en papier rouge » de la BR 11.

Le RF-84F-46-RE Thunderflash (s/n 53-7621) de l'ERT 3/33 « Moselle » en vol au-dessus des Alpes. Seule la lettre individuealle (« X ») du code est portée à l'avant du fuselage, devant le vitrage des caméras. *(ECPAD)*

Dassault Mirage IIIR n° 314 de l'ER 3/33 « Moselle ». Strasbourg-Entzheim, 1965.

Dassault Mirage IIIRD n° 359 de l'ER 3/33 « Moselle ». Strasbourg-Entzheim, 1982.

Dassault Mirage IIIRD n° 360 de l'ER 3/33 « Moselle ». Strasbourg-Entzheim, 1985. Décoration spéciale réalisée à l'occasion des trente ans du « Moselle »

Mirage IIIR n°313 de l'ER 3/33 « Moselle », escadron où cet appareil achèvera sa carrière, en novembre 1987. *(G. Paloque)*

Dassault Mirage F1CR n° 617 de l'ER 3/33 « Moselle ». Reims, 1991. Premier type de camouflage « désert », parfois surnommé « vanille-chocolat »…

Dassault Mirage F1CR n° 619 de l'ER 3/33 « Moselle ». Reims, 1993. Cette décoration fut réalisée à l'occasion de la dissolution de l'ER 3/33 « Moselle ».

Mirage F1CR n° 619 de l'ER 3/33 « Moselle » spécialement décoré lors de la dissolution de l'escadron, le 1er juillet 1993. Le côté gauche est identique. *(DR)*

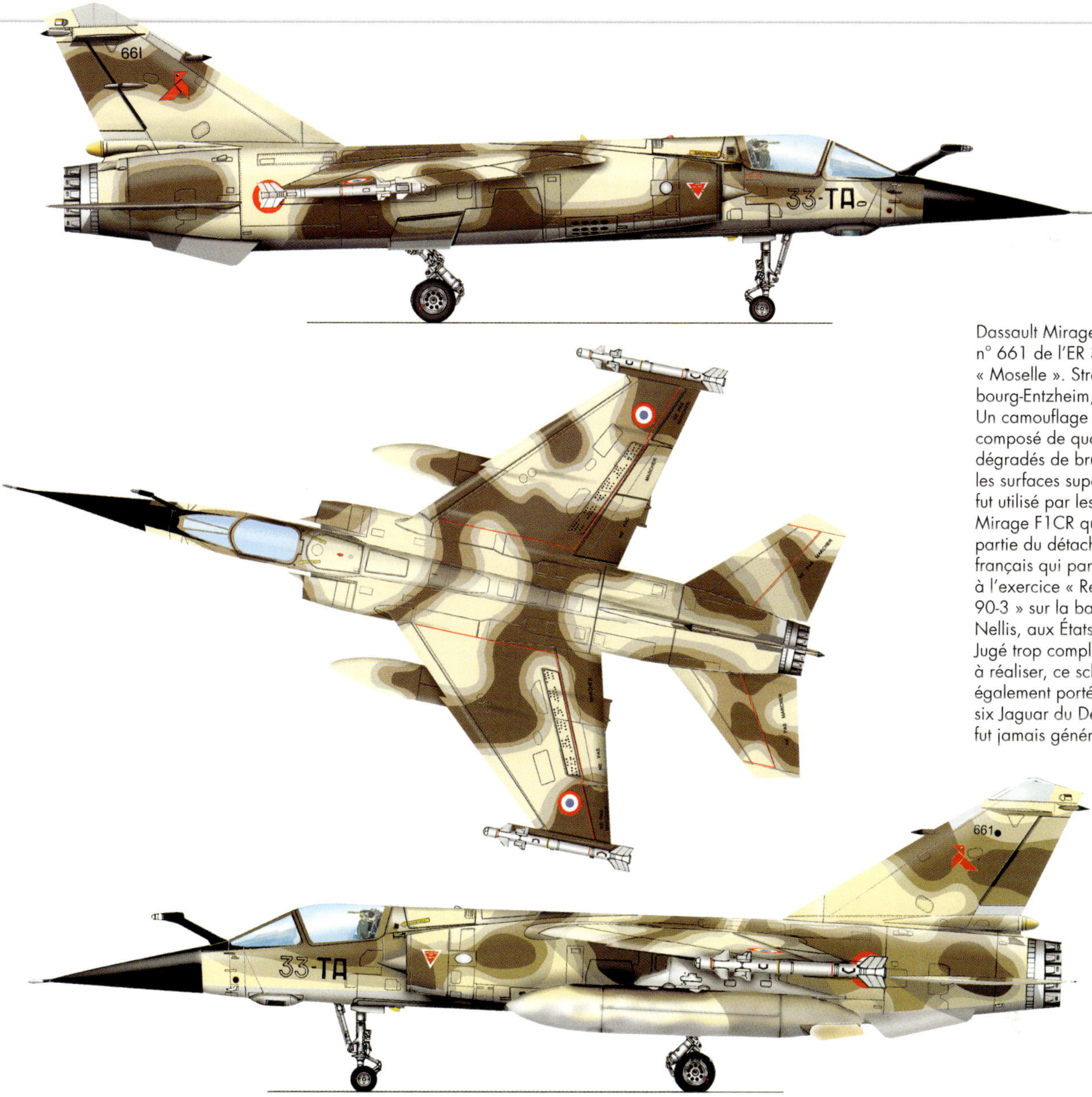


Dassault Mirage F1CR n° 661 de l'ER 3/33 « Moselle ». Strasbourg-Entzheim, 1990. Un camouflage spécial, composé de quatre tons dégradés de brun sur les surfaces supérieures fut utilisé par les deux Mirage F1CR qui firent partie du détachement français qui participa à l'exercice « Red Flag 90-3 » sur la base de Nellis, aux États Unis. Jugé trop compliqué à réaliser, ce schéma, également porté par les six Jaguar du Détam, ne fut jamais généralisé.

Le second Mirage F1CR (n° 664) de l'ER 3/33 « Moselle » qui reçut un camouflage spécial pour l'exercice « Red Flag 90-3 » en vol au-dessus du « range » de Nellis, au Nevada. *(DR)*

# Les Lockheed RT-33A de la 33e Escadre

Lockheed RT-33A-1-LO (s/n 54-1548) de l'ER 3/33 « Moselle ». Cognac, décembre 1955. L'appareil porte toujours son « Buzz number » (code) d'origine à l'avant du fuselage.

Lockheed RT-33A-1-LO (s/n 54-1553) de l'ER 3/33 « Moselle ». Strasbourg-Entzheim, 1960.

Lockheed RT-33A-1-LO (s/n 54-1553) de l'ER 3/33 « Moselle ». Strasbourg-Entzheim, 1964

Lockheed RT-33A-1-LO (s/n 53-5790) de la Section de Liaison de la 33e Escadre. Strasbourg-Entzheim, 1965.

## Escadron de Chasse 3/33 « Lorraine »

**(juin 1994 à juillet 2005)**

***Codes et avions: 33-Fx (Mirage F1C et B).***

***Escadrilles: 1re « Metz ». 2e « Nancy ». 3e « Thionville »***

Dassault Mirage F1C-200 n°202 de l'EC 3/33 « Lorraine ». Reims, 1995.

Dassault Mirage F1B n° 520 de l'EC 3/33 « Lorraine ». Reims, 1998.

Dassault Mirage F1C-200 n°216 de l'EC 3/33 « Lorraine ». Reims, 1998. L'insigne (blason de la Lorraine) est porté des deux côtés de la dérive.

Mirage F1C n° 77 de l'EC 3/33 « Lorraine » portant la livrée bleue dite « de supériorité aérienne », vu à Reims au milieu des années quatre-vingt-dix. *(G. Paloque)*

Dassault Mirage F1B n° 520 de l'EC 3/33 « Lorraine ». Reims, 2004. Cette décoration spéciale, avec notamment les « bandes de débarquement » fut réalisée à l'occasion du 60e anniversaire du débarquement de Normandie de juin 1944.

Dassault Mirage F1B n° 516 de l'EC 3/33 « Lorraine ». Reims, 2002. Décoration spéciale réalisée pour la dissolution de l'Association des FAFL (Forces Aériennes Françaises Libres), en juin 2002.

Mirage F1C n° 24 de l'EC 3/33 « Lorraine », spécialement décoré en 2000 pour célébrer le 40e anniversaire de l'escadron, l'une des premières unités des FAFL.

Vue du côté droit du Mirage F1C n° 24 du « Lorraine » avec sa décoration commémorative du 40e anniversaire de l'unité. *(G. Paloque)*

## Section de Liaison de la 33e Escadre

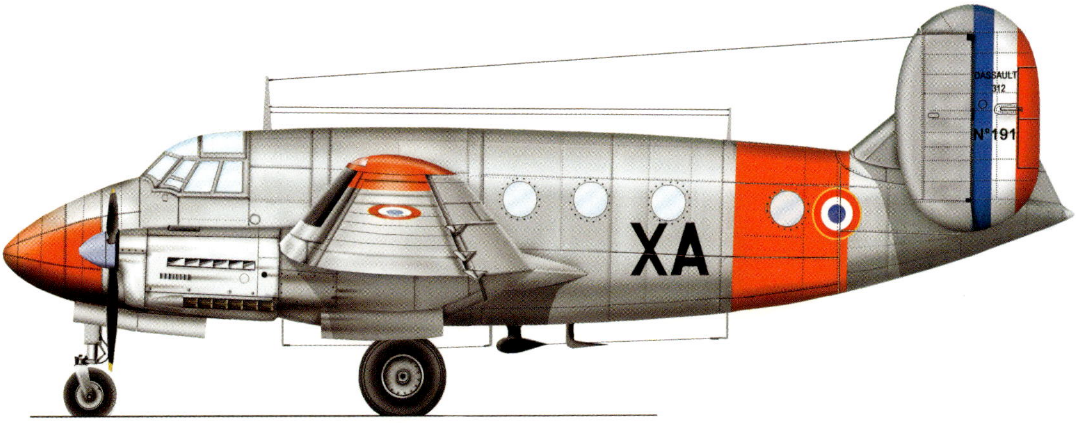


Dassault MD 312 Flamant n° 191 de la Section de Liaison de la 33e Escadre. Strasbourg, 1964.

*insigne composite de la 33e Escadre*

Lockheed T-33A-1-LO (s/n 55-3096) de la Section de Liaison de la 33e Escadre. Strasbourg-Entzheim, 1967. L'insigne composite est peint à l'avant.

Max Holste MH-1521 Broussard n° 106 de la Section de Liaison de la 33e Escadre. Strasbourg, 1986.

Fouga CM 170 Magister n° 52 de la Section de Liaison de la 33e Escadre. Strasbourg, 1992

COLLECTION AVIONS de COMBAT

# Les Escadres de l'Armée de l'Air
# Chasse et Reconnaissance

## SOMMAIRE



L'auteur tient tout particulièrement à remercier Messieurs Alain Crosnier, Frédéric Lert et Éric Moreau pour l'aide apportée dans la réalisation de cet ouvrage.

*Erratum*

*Page 17*: profil du bas, le numéro du M2000-5F est « 52 »et non 32, comme indiqué.
*Page 17*: photo du bas, lire « Alphajet E n° 14 ».
*Page 18*: profil du bas, lire « Alphajet E n° 14 » (même avion que précédemment).
*Pages 27* et 28 : légendes des Mirage IIIE inversées.
*Page 38*: légendes du F-100D et du F-84F inversées.
*Page 53*: photo du haut, lire « Mirage IIIE »
*Page 71* : légendes des DH Vampire n° 10013 et 10042 inversées.
*Page 95*, profil du bas, lire « Jaguar E n° 30 ».
*Page 111* : légendes du MD 312 et du NC 701 inversées.

*Cet ouvrage a été initialement publié sous la forme des deux premiers Hors Série du magazine Avions de Combat, en juin et octobre 2017 pour le compte des éditions Heimdal.*

Ouvrage réalisé par Gérard Paloque sous la direction de Dominique Breffort.

Profils et textes de Gérard Paloque.

Insignes d'escadrille :
Gérard Paloque et André Jouineau.

Légendes des photos d'époque :
Dominique Breffort.

Conception, maquette et mise en pages :
Jean-Baptiste Mongin et Dominique Breffort

Éditions Heimdal
BP 61350 - 14406 Bayeux CEDEX
Téléphone : 02-31-51-68-68
Fax : 02-31-51-68-60
Courriel : communication.heimdal@wanadoo.fr
Site internet : www.editions-heimdal.fr

Achevé d'imprimer en octobre 2017
sur les presses des
*Imprimeries de Champagne* (France)
pour le compte des Éditions Heimdal,
Georges Bernage, éditeur